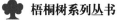梧桐树系列丛书　　段立群　关春霞　主编

综合实践活动60问

ZONGHE SHIJIAN HUODONG 60 WEN

关春霞　夏霞　肖陶然　徐建志　主编

知识产权出版社

全国百佳图书出版单位

图书在版编目（CIP）数据

综合实践活动 60 问 / 关春霞等主编． —北京：知识产权出版社，2021.1
（梧桐树系列丛书 / 段立群，关春霞主编）
ISBN 978-7-5130-7411-7

Ⅰ.①综⋯　Ⅱ.①关⋯　Ⅲ.①活动课程—教学研究—中小学　Ⅳ.①G632.3

中国版本图书馆 CIP 数据核字（2021）第 011031 号

内容提要

本书以一问一答的模式，围绕理论＋小案例＋观点提升，以具体的经验阐述教师在课程关系、课程实施、课程评价、课程管理中遇到的疑惑。这些来源于一线教师真实的问题，通过教师的实践探究予以解决，本书对一线教师具有指导性、启发性和借鉴性！

本书是"梧桐树"系列丛书中的一本，更是融合于课程理论、课程实践、课型模式、课程评价等为一体的指导性书籍，对广大教师的教育教学具有一定参考价值。

　　　责任编辑：田　姝　郑涵语　　　　　责任印制：刘译文
　　　封面设计：舒　丁

梧桐树系列丛书
段立群　关春霞　主编

综合实践活动 60 问
ZONGHE SHIJIAN HUODONG 60 WEN

关春霞　夏　霞　肖陶然　徐建志　主编

出版发行：知识产权出版社 有限责任公司	网　　址：http://www.ipph.cn
电　话：010-82004826	http://www.laichushu.com
社　　址：北京市海淀区气象路 50 号院	邮　　编：100081
责编电话：010—82000860 转 8701	责编邮箱：laichushu@cnipr.com
发行电话：010—82000860 转 8101	发行传真：010—82000893
印　　刷：北京建宏印刷有限公司	经　　销：各大网上书店、新华书店及相关专业书店
开　　本：720mm×1000mm　1/16	印　　张：13.75
版　　次：2021 年 1 月第 1 版	印　　次：2021 年 1 月第 1 次印刷
字　　数：125 千字	定　　价：49.00 元

ISBN 978-7-5130-7411-7

编　委　会

序

    综合实践活动课程是新世纪以来我国基础教育课程改革的一个亮点。2017 年 9 月，教育部正式出台了《中小学综合实践活动课程指导纲要》，明确了综合实践活动课程的理念、目标、活动方式、规划与实施、管理与保障等内容；强化了新型课程形态的建构，要求通过探究、服务、制作、体验等方式进行学习，综合运用各学科知识分析、解决现实问题，培养学生的学习能力、实践能力和创新能力，落实立德树人、全面发展的育人要求。

    2019 年 9 月，我应河南省教研室邀请到河南做了关于教学成果培育的报告，期间便耳闻金水区关于综合实践活动的特色经验，如今看到他们呈现的成果进一步了解到，河南省郑州市金水区自 2001 年便开始实施综合实践活动，至今已有近二十年的历程。这个历程是区域持续推进的过程、学校课程建构的过程、教师不断实践的过程以及成果不断提炼与优化的过程。这二十年里，金水区教育发展研究中心配置专职的教研员，80.6%的学校配置专职的综合实践活动教师，提升教师的业务水平、实践能力、指导能力，大力助推了综合实践活动课程常态、有效地实施，沉淀了较为丰厚的课程开发、实施、评价与管理等经验。

金水区综合实践活动教研员关春霞老师带领团队潜心研究，将区域的研究和实践成果进行提炼，主编了《综合实践活动 60 问》，这本书以一问一答的形式，将综合实践活动课程的理论与实践相结合，并告诉读者：什么是综合实践活动课程、综合实践活动和其他学科活动有什么区别、如何提高小组活动质量、课型模式是什么、教师的角色如何定位、课程怎么规划与评价等，解答了一线教师在综合实践活动课程开发与实施、指导与评价过程中经常遇到的问题。书中的问题来源于教师的真实情景、真实困惑，问题的解答也不是"假大空""说理论"或"乱编造"，而是来源于金水区综合实践活动课程团队和一线教师近二十年的不断实践、总结、研究与反思，是时间与实践的积淀。

《综合实践活动 60 问》这种"问题引领"的风格也让我想到了享誉世界的苏联教育家苏霍姆林斯基的《给教师的一百条建议》，苏霍姆林斯基基于他担任家乡的一所中学校长的研究和经验，就教师在教学中常遇到的问题进行了有效解答，如怎样检查练习本、怎样学习别的教师的经验、怎样才能使儿童愿意好好学习、怎样对待学习有困难的儿童、怎样听课和分析课等。就是这样 100 条质朴的建议和论述，使《给教师的一百条建议》成为教育史上颇具影响的论著。在关春霞老师的《综合实践活动 60 问》中，我们似乎可以看到这本经典之作的影子。相信它可以让教师在综合实践活动课程实施中少走"弯路"，避免"活动无效"，对综合实践活动实施与发展起到一定的参考和借鉴作用。尽管书中还有诸多值得商榷的地方，也还存在这样那样的问题，但对于一个区级教研机构的教研人员来说，已属不易。

关春霞老师作为一个区级教研机构的基层教研人员，长期致力于综合实践活动的实践与研究，她的执着和努力让我感动，应关春霞老师再三邀请，实难推脱，略述几句，是为序。

西南大学二级教授、博导

国家教学名师，当代教育名家

中国基础教育质量监测协同创新中心首席专家

教育部西南基础教育课程研究中心主任

2021 年 1 月 10 日

前　言

————————— ❧❧❧ —————————

　　综合实践活动课程作为国家课程，从缺少课程纲要、教材、教参和可借鉴的成果资料，到如今的《中小学综合实践活动课程指导纲要》（以下简称《指导纲要》），经历了一定的艰难发展阶段。第一阶段，从2001年至2006年，在国家没有出台课程纲要、教参、活动主题的情况下，各地勇于探究，积极参与课改，结合国情、校情、师情、生情进行自主研发，将活动转化为课程，将目标进行细化，将随机转变为常态，进行了一系列规范有序、常态有效的课程探究。第二阶段，从2007年10月国家正式出台《指导纲要》，引领学校综合实践活动课程规范、有序地实施。《指导纲要》的出台，既为课程的持续发展提供了新契机，同时又带来了新的挑战。

　　郑州市金水区作为首批国家级基础教育课程改革实验区，综合实践活动课程的实施经历了从无到有、从模糊到清晰的发展历程，积累了一批优秀课程资源，助推了课程稳步持续的发展，深耕了课程文化品牌的内涵。具体工作如下：

第一，科学系统规划，持续强化顶层设计

在国家政策的推动下，区域实施的土壤中，我们走出了四个"五年计划"的金水之路。

一、2001 年至 2005 年，实现"从无到有"，在没有实践活动课程标准和教材的困难下，积极探索，指导学校结合师资、学生、学校文化和社区资源等情况自主开发，取得了一定的成绩，发行了国内《综合实践活动课程优秀案例荟萃》，成为全国可以借鉴的主题经验。

二、2006 年至 2010 年，实现"从有到规范"。期间，金水区印发了《金水区综合实践活动课程实施规范指南》，促进了课程规范、有效实施，树立了"一校一品牌"，成就了一批批优秀的专职教师；编制了《聆听花开的声音（活动设计篇）》等成果。

三、2011 年至 2015 年，实现"从规范到深"。2013 年金水区根据课程发展的需要又出台了《进一步加强综合实践活动课程实施的指导意见》，编制了《3—9 年级学生综合实践活动能力发展标准》，细化 12 项能力目标，成为引领河南省综合实践活动课程实施的指导性标准。

四、2016 年至今，实现了"从深到新"。金水区指导学校按照《中小学综合实践活动课程指导纲要》要求，整合学科课程、专题教育、创客教育、研学旅行、劳动教育等课程，进一步挖掘课程资源，优化课程结构，促进课程融合、迭代

发展。期间，出版了《跨学科的 20 个创意设计》《不一样的课堂》《劳动教育课程实施与评价》等书，发表了《区域综合实践活动课程有效作为》《新时代劳动教育课程的理念更新与行动的创新》等文章。

第二，基于课程实施问题，凝练优秀的小主题研究

目前，全国能够提供综合实践活动课程实施的教师参考书、视频、案例等并不多。在这种情况下，教师如何寻找可借鉴的有效经验或途径进行参考、解惑；作为区域教研部门，如何指导综合实践活动课程教师高质量地进行教学，迫在眉睫。

于是，金水区倡导教师通过课堂实践、课题立项、小主题研究等途径，探索综合实践活动课程在确定活动主题、结合小组、调查活动、汇报展示、总结评价等阶段实施中出现的问题，归纳并对其间产生的新思考进行验证，一面通过实践来解决问题，一面总结经验，不断论证和深入研究，解决了一个个"拦路虎"。基于这样螺旋上升式的行动学研究，金水区通过教研活动、课堂观摩、主题成果交流会等形式，充分进行经验的交流与碰撞，集思广益，提炼出可行性办法。这种将问题转化为课题的探究过程，不仅培养了教师的研究意识，提高了实践探究的能力，还进一步推动了课程的深度开展，提升了教师课程的实施指导能力。

因此，作为教研部门，逐渐积累了大量的小主题研究成

果，极有效地指导了教师在实施中遇到的各种问题，促进了课程顺利有效地实施，深耕了课程质量。

第三，依托区域课程的良好土壤，将主题成果进行优化

金水区自 2002 年起开始实施综合实践活动课程，将课程进行规范、目标进行细化、内容进行整合。进一步改变教师"教"的方式、学生"学"的方式，提高了学生的综合实践活动综合能力，培育了学生发展的核心素养。

在这样的趋势和肥沃的土壤中，自 2009 年起，金水区一批批优秀的兼职教师发展成为专职教师。目前 80.6% 的学校共有专职教师 90 多人，其中有三年以上经验的 20 多人，7 年以上经验的教师 10 人，强有力的教师团队，为课程的有效实施提供了最基本的保障。

金水区各学校教师通过自主探究、大胆实践、团队共享、专家引领，在河南省及郑州市教研部门的指导下，形成了大量可借鉴的一线教师综合实践活动课程实施经验和区域课程规划经验。作为区域教研员，不仅关注学科的教学质量，同时也注重学科研究性学习带给教师和学生的成长。语文、数学、生物、地理、历史、信息技术、物理等学科教研员注重培养教师开展研究性学习，并形成了一定的经验和活动案例。

为了优化这些成果，在前期征集小主题成果的基础上，我们又组织了一批资深教师（至少有八年以上的专职教师），结合自身经验，征集问题，并经筛选修改、专家评审，编写

了《综合实践活动60问》。本书从读者的需求出发，能够帮助与指导教师进行课程的有效规划、实施与评价。

本书从课程关系篇、课程实施篇、课程推进篇、课程评价篇和课程保障篇五个方面共60个问题，帮助教师了解课程理论和课程实施意义，提炼了综合实践活动教师在课程实施中遇到的常见问题以及解决的策略，搜集了大量专职教师在课程实施中总结出来的小窍门，总结了学科开展研究性学习的经验。总之，本书理论结合实践，通过一问一答的形式，解决了不同层面的教师在课程实施中遇到的问题和困惑，为教师的课程实施指明了方向、提供了策略、分享了经验。持续促进了课程规范有序、常态有效的实施，促进了课程品牌的树立，提高了课程质量，助推了课程稳步持续的发展。

《综合实践活动60问》以短小精炼、浅显易懂的语言，告诉读者"是什么""为什么""怎么做"。读者可从中获得操作性强、实践性强的经验。

总之，综合实践活动课程跨学科性、活动性、实践性、生成性较强，问题的解决方式和方法的灵活性也很强，我们仅是提供一种实施的思路和建议。读者可以在借鉴中根据自己的经验进行重组、升华，想必会有另一片天地！

关春霞
郑州市金水区教育发展研究中心

目　录

第一篇　课程关系

综合实践活动课程，这个耳熟能详的"字眼"，落在教育同人的脑海中已近 20 年。在这样的历史发展长河中，仍有不少人对这门课程不够了解，理不清楚它和其他课程的区别，甚至概念模糊。这里，我们将带您深刻了解这门课程的独特价值、意义，以及与其他相关学科、活动的联系与区别，让您在以后的实施中能精准把握这门课程。

第二篇　课程实施

综合实践活动课程是一门"做"出来的课程，如果只是纸上谈兵或者为了追求一个结果而忽视过程，想必这样的实施效果并不能实现课程目标。这门课程的"活动性""实践性""生成性"，决定了教师需要具备足够的课程指导能力。这一章，将解决教师实施中遇到的最基本的问题，帮助教师能够顺利、规范地开发与实施课程。

第三篇　课程推进

　　人的发展需要经历一定的阶段。其实，课程的发展也是有阶层性的。当课程的实施能够被教师"依葫芦画瓢"或者抱着"小马过河试一试"的态度之后，教师的课程指导力就形成了，但并不会很得心应手。这时，就到了一个积累与绽放的阶段。如何积累更深广的经验、如何深度地自主实施课程等问题会在本篇得到回答，为您提供迅速成长的指导与建议。

第四篇　课程评价

评价，对学生来说，是为了促进其发展；对教师来说，是为了对课程实施进行诊断、督促与完善。可见，评价对师生来说有着指导性作用，举足轻重。然而，综合实践活动课程是一门活动性课程，它的评价就显得格外灵活、不容易把握。但是，办法总比困难多。在多年的实践总结中，金水区教师形成了一系列对学生、教师的评价体系，促进了教师的反思，提高了课程实施的时效性，提升了课程质量。

第五篇　课程保障

课程深入有效地实施，不仅需要实践探索积淀，更需要规范、有效的课程规划的支持和保障。金水区从 2001 年开始实施课程改革，历经二十年的课程积淀，先后出台了《综合实践活动课程实施的意见》《进一步加强学校综合实践活动课程整体规划的意见》《3—9 年级学生综合实践活动能力发展标准》等文件，出版了《跨学科课程的 20 个创意设计》一书，为学校课程的实施起到了引领的作用，助推了学校及教师课程实施的有效性，深耕了课程，构建了品牌。

第一篇
课程关系

凡事总须研究，才会明白。

——鲁迅

第 1 问　综合实践活动课程的理念是什么？如何依托综合实践活动课程推动学习方式的变革？

《中小学综合实践活动课程指导纲要》从四个方面提出了综合实践活动课程的理念。具体如下：

一、课程目标以培养学生综合素质为导向。强调学生综合运用各学科知识，认识、分析和解决现实问题，提升综合素质，着力发展核心素养，特别是社会责任感、创新精神和实践能力，以适应快速变化的社会生活、职业世界和个人自主发展的需要，迎接信息时代和知识社会的挑战。

二、课程开发面向学生的个体生活和社会生活。引导学生从日常学习、社会生活或与大自然的接触中提出具有教育意义的活动主题，使学生获得关于自我、社会、自然的真实体验，建立学习与生活的有机联系。要避免仅从学科知识体系出发进行活动设计。

三、课程实施注重学生主动实践。鼓励学生从自身成长需要出发，选择活动主题，主动参与并亲身经历实践过程，体验并践行价值信念。在实施过程中，随着活动的不断展开，在教师指导下，学生可根据实际需要，对活动的目标与内容、组织与方法、过程与步骤等做出动态调整，使活动不断深化。

四、课程评价主张多元评价和综合考察。要求突出评价学生的发展价值，充分肯定学生活动方式和解决问题策略的多样性，鼓励学生自我评价与同伴间的合作交流和经验分享。提倡多采用质性评价方式，避免将评价简化为分数或等级。要将学生在综合实践活动中的各种表现和活动成果作为分析考察课程实施状况与学生发展状况的重要依据，对学生的活动过程和结果进行综合评价。

综上所述，综合实践活动课程的理念，从课程的出发点上讲，以发展学生的综合素质为导向；从课程的内容上讲，是面向学生的生活世界；从课程的实施方式上讲，是给予学生实践探究的广阔平台和空间；从课程的评价上讲，是注重学生的活动过程以及经历的成长价值，是注重学生的发展性评价。

由此可见，综合实践活动课程具有独特价值，是其他学科不能替代的课程，更是引领改变学习方式、助推素质教育、落实学生核心素养最直接的课程。由此，学校以及区域教研部门，依托综合实践活动课程的常态开展，助推学生学习方式的深度变革，尤为重要。作为区域教研部门，可以通过以下途径和策略落实课程的常态有效开展，引领与指导学校教师的"教"及学生的"学"的改变。

其一，出台区域综合实践活动课程实施的指导意见。规范课程的管理，引领课程的实施，促进课程的评价，督促课程的落实，实现校校常态有效开设课程；其二，将课程的教研、评比进行常态化管理，保障师资队伍的稳定。比如，开展区域综合实践活动课程教师的教研活动、基本功评比、优质课评比、课程成果评比甚至职称评比等；其三，开展学生研究性成果展评活动，为学生搭建展示的平台。比如，开展学生的研究报告、小论文、活动感受等成果的静态评比，开展学生成果动态汇报展示等；其四，将学校开设的课程情况纳入督导评估、三年规划中，促进课程实施质量的提高。这些策略，自上而下，督促学校课程的开展。让课程真正落地，才能促进学习方式的改变。作为学校，只有开设课程，才能实现教师"教"的改变和学生"学"的改变。

学校如何将课程落地、生根、发芽、开花、结果，为学生服务，让学生受益，主要经验有以下几个方面：1. 结合学校办学理念，制定学生课程规划，使课程构建科学、系统，为教师的实施指引方向；2. 配置专职的综合实践活动课程教师，让课程有固定的师资力量，保障课程的开展；3. 学校建立课程教研团队，由固定的中层领导负责，及时跟进和关注课程的实施情况，对课程实施的有效性进行指导与督促；四、学校对课程的实施进行评估。课程实施的质量究竟如何，教师的教学是否有效，学生的收获是否丰满，学校必须通过调查问卷、听课、展示活动、成果汇报等方式进行综合判断，并对结果进行反馈，让教师进一步完善教学理念和教学活动。以上这些策略，只是为读者提供一个参考，除此之外，一定还会有其他更为合适的策略。

　　总之，只要区域教研部门、学校、教师在课程实施与推进中，把握课程的实施理念，在课堂上以学生的深度学习为主，就能进一步实现学习方式的改变，让学生有所成长与发展，从而落实学生的核心素养。

第2问　综合实践活动课程独特的课程价值是什么？

　　综合实践活动课程是指在教师的指导下，由学生自主进行的综合性学习活动。它是基于学生的经验，密切联系学生的生活和实际，体现对知识综合应用的学习活动。综合实践活动课程超越了传统学科课程价值，承载着基础教育课程改革的全新理念。综合实践活动课程的设置不仅有效地改善了中小学课程结构，丰富了课程类型，而且对中小学课程教学改革、对落实学生核心素养、对学生学习方式的改变、对教师的教学方式改革等方面，都产生了广泛而深远的影响。其独特性体现在以下几个方面：

　　一、它是一种经验性课程。综合实践活动课程超越了具有严密的知识体系和技能体系的学科界限，是一门强调以学生的经验、社会实际、社会需要和问题为核心，以主题的形式对课程资源进行整合的课程。它是以有效培养和发展学生解决问题的能力、探究精神和综合实践能力为目的的课程。它基于学生的已知经验，并通过探究活动来积淀学生的未知经验，重组学生的知识体系、思维方式，使学生在活动中得以成长，得以积累经验与重构思维。

二、它是一种实践性课程。综合实践活动课程尤其注重学生多样化的实践性学习方式，转变学生单一的以知识传授为基本方式、以知识结论的获得为直接目的的学习活动，强调多样化的实践性学习，如探究、调查、访问、考察、操作、服务、劳动实践和技术实践等。因而，综合实践活动课程比其他任何课程都更强调学生对实际活动过程的亲历和体验。而这些经历和感悟，是学生在真实情境下随着活动而产生的，是不同角度、不同层次的，是多元化的，对学生的一生都会产生积极的影响。这是其他学科的课堂教学无法实现的。

三、它是跨学科学习课程。学生在活动的实践与探究中，需要应用到多个学科的知识与技能，如数学中的调查与统计、语文中的总结与创作、科学中的实验与观察、道德与法治中的文明修养和待人处事、化学中的对比与分析、物理中的生活知识、地理中的监测与实地考察等，只有对这些进行结合、重构，才能解决问题，完成一个主题的深入研究，获得丰富、真实的研究结论。因此，学生的综合素养和跨学科学习能力只有在经历中才能得到落实与发展。

四、它是一门开放性课程。综合实践活动课程是指在教师的指导下，由学生自主进行的综合性学习活动。课程实施的内容源于学生感兴趣的话题和生活中的发现，具有开放性；课程的实施方式又是从教室走向社会，具有开放性；课程的评价内容不只局限于知识，而是随着学生参与的活动进行评价，具有开放性。于此，从课程实施的地点、内容、形式、评价等都体现了课程的开放性。

除此之外，综合实践活动课程还具有独特的群体学习特征：必须以小组形式进行探究学习；课程的开发和实施需要利用社会资源，以达到学生探究的深度与广度。

第3问　综合实践活动课程小学阶段的具体目标是什么？哪些目标是开展中的难点？

《中小学综合实践活动课程指导纲要》从价值体认、责任担当、问题解决、创意物化四个方面提出了小学阶段的实施目标。具体如下：

一、价值体认的目标是：通过参与少先队活动、场馆活动、主题教育活动和参观爱国主义教育基地等，来获得有积极意义的价值体验。理解并遵守公共空间的基本行为规范，初步形成集体思想、组织观念，培养对中国共产党的朴素感情，为自己是中国人感到自豪。

二、责任担当的目标包括：学生要围绕日常生活开展服务活动，能处理生活中的基本事务，初步养成自理能力、自立精神、热爱生活的态度，具有积极参与学校和社区生活的意愿。

三、问题解决的目标是：既能在教师的引导下，结合学校、家庭生活中的现象，发现并提出自己感兴趣的问题，又能将问题转化为研究小课题，体验课题研究的过程与方法，提出自己的想法，形成对问题的初步解释。

四、创意物化的目标包括：通过动手操作实践，初步掌握手工设计与制作的基本技能。学会运用信息技术，设计并制作有一定创意的数字作品。运用常见、简单的信息技术解决实际问题，服务于学习和生活。

这四个要求相辅相成，综合在一起才能全面达成综合实践活动课程的目标。其中，创意物化能力是当前的重难点，这既是教师自身能力和水平难以达到的目标，也是学生在这方面比较欠缺的。解决的办法就是勇于面对，通过与劳动教育、创客教育等教育形式相融合，借助校外资源为学生提供更广阔的平台和学习环境，逐渐培养学生的创意物化能力。

第4问　综合实践活动课程初中阶段的具体目标是什么？如何让综合实践活动为中招考试助力？

《中小学综合实践活动课程指导纲要》从价值体认、责任担当、问题解决、创意物化四个方面提出了初中阶段的实施目标。具体如下：

一、价值体认的目标是：倡导学生积极参加团队活动、场馆体验、红色之旅等，亲历社会实践，加深有积极意义的价值体验。能主动分享体验和感受，与老师、同伴交流思想认识，形成国家认同感，热爱中国共产党。通过职业体验活动，发展兴趣专长，形成积极的劳动观念和态度，具有初步的生涯规划意识和能力。

二、责任担当的目标是：观察周围的生活环境，围绕家庭、学校、社区需要开展的服务活动，增强服务意识，养成独立的生活习惯；愿意参与学校服务活动，增强服务学校的行动能力；初步形成探究社区问题的意识，愿意参与社区服务，初步形成对自我、学校、社区负责任的态度和社会公德意识，初步具备法治观念。

三、问题解决的目标包括：通过关注自然、社会、生活中的现象，深入思考并提出有价值的问题，将问题转化为有价值的研究课题，学会运用科学方法开展研究。能主动运用所学知识理解与解决问题，并做出基于证据的解释，形成基本符合规范的研究报告或其他形式的研究成果。

四、创意物化的目标包括：运用一定的操作技能解决生活中的问题，将一定的想法或创意付诸实践。通过设计、制作或装配等，制作和不断改进较为复杂的制品或用品，发展实践创新意识和审美意识，提高创意实现能力。通过信息技术的学习实践，提高利用信息技术进行分析和解决问题的能力以及数字化产品的设计与制作能力。

目前中招考试不仅仅是单一学科知识的综合运用，而且更注重本学科技能、方法及与其他学科相联系的跨学科融合。建议学科教师从以下几个方面开展活动，助力中招考试。

第一，开展学科拓展类实践活动，进行跨学科融合式学习；

第二，开展职业规划课程，制定个人三年规划；

第三，结合心理健康课程，提升学生心理素养；

第四，开展项目式学习，提高学生科学的系统性的探究实践能力、设计能力、反思能力、动手操作能力、创意能力和创造能力；

第五，开展研学活动，将学生的已有认知、已有知识体系、已有的学科经验及学科思想，通过行走的形式，得到整合、融合、重组、提升，在"研中学，学中玩"，实现真实情境下深度的融合式学习与实践。

总之，只有通过多种途径将综合实践活动课程切实落地，才能促进学生综合素养和跨学科能力的提升，从而进一步助力学生在中招考试中将积淀的审辨能力、分析能力、总结能力、思辨能力、跨学科能力等得以发挥与融通。

第5问 综合实践活动课程高中阶段的具体目标是什么？如何结合高考改革提高学生的社会实践能力？

《中小学综合实践活动课程指导纲要》从价值体认、责任担当、问题解决、创意物化四个方面，提出了高中阶段的具体目标如下：

一、价值体认的目标包括：通过自觉参加班团活动、走访模范人物、研学旅行、职业体验活动、社团活动，深化社会规则体验、国家认同和文化自信，初步体悟个人成长与职业规划、社会进步、国家发展和人类命运共同体的关系，增强根据自身兴趣专长进行生涯规划和职业选择的能力，强化对中国共产党的认识，具有习近平新时代中国特色社会主义的共同理想和国际视野。

二、责任担当的目标包括：关心他人、社区和社会发展，能持续地参与社区服务和社会实践活动，关注社区及社会的主要问题，热心参与志愿者活动和公益活动，增强社会责任意识和法治观念，形成主动服务他人、服务社会的情怀，理解并践行社会公德，提高社会服务能力。

三、问题解决的目标：既能对个人感兴趣的领域开展广泛的实践探索，提出具有一定新意和深度的问题，综合运用知识分析问题，又能用科学方法开展研究，增强解决实际问题的能力。同时还能及时对研究过程及研究结果进行审视、反思并优化调整，建构基于证据的、具有说服力的解释，形成比较规范的研究报告或其他形式的研究成果。

四、创意物化的目标包括：积极参与动手操作实践，熟练掌握多种操作技能，综合运用技能解决生活中的复杂问题。增强创意设计、动手操作、技术应用和物化能力，形成在实践操作中学习的意识，提高综合解决问题的能力。

目前，高中很少开设综合实践活动课程，在这样的情况下，如何提高学生的社会实践能力，是学校、教师、学生乃至家长需要重视与思考的一个问题。考虑到高中阶段学习紧张，无法按照课程实施的一系列流程进行开展，我们建议：

第一，学校开展丰富的社团活动，融入综合实践活动课程的四种活动方式，实现立德树人、五育融合；

第二，利用学校空间，基于学习与校园生活的问题，结合学科教学，开展研究性学习，将学科知识与技能在实践中得到拓展与延伸，锻炼学生的实践与创新能力；

第三，学校在寒暑假布置研究活动，倡导学生结合小组开展研究活动，提高学生解决问题能力与融会贯通能力；

第四，家长在学校的指导下，在生活中有意识地培养和指导学生带着问题去研究与体验、实践与创物、表达与总结、审辩与反思等。

第6问 综合实践活动课程的主要活动方式有哪些? 各方式之间有什么联系与区别?

《中小学综合实践活动课程指导纲要》中提到,综合实践活动课程的主要活动方式有四种:考察探究、社区服务、职业体验和设计制作。

一、考察探究是学生基于自身兴趣,在教师的指导下,从自然、社会和学生自身生活中选择并确定研究主题,开展研究性学习,在观察、记录和思考中,主动获取知识,分析并解决问题的过程,如野外考察、社会调查、研学旅行等。它注重运用实地观察、访谈、实验等方法,获取材料,形成理性思维、批判质疑和勇于探究的精神。考察探究的关键要素包括:发现并提出问题、提出假设、选择方法、研制工具、获取证据、提出解释、交流、评价探究成果、反思和改进。

二、社会服务指学生在教师的指导下,走出教室,参与社会活动，以自己的劳动满足社会组织或他人的需要，如公益活动、志愿服务、勤工俭学等。它强调学生在满足被服务者需要的过程中，获得自身发展，促进相关知识技能的学习，提升实践能力，成为履职尽责、敢于担当的人。社会服务的关键要素包括：明确服务对象与需求、制订服务活动计划、开展服务行动、反思服务经历和分享活动经验。

三、设计制作指学生运用各种工具、工艺（包括信息技术）进行设计，并动手操作，将自己的创意、方案付诸现实，转化为物品或作品的过程，如动漫制作、编程、陶艺创作等。它注重提高学生的技术意识、工程思维、动手操作能力等。在活动过程中，鼓励学生手脑并用，灵活掌握、融会贯通各类知识和技巧，提高学生的技术操作水平、知识迁移水平、体验工匠精神等。设计制作的关键要素包括：创意设计、选择活动材料或工具、动手制作、交流展示物品或作品、反思与改进。

四、职业体验指学生在实际工作岗位上或模拟情境中见习、实习，体认职业角色的过程。如军训、学工、学农等，它注重让学生获得对职业生活的真切理解，发现自己的专长，培养职业兴趣，形成正确的劳动观念和人生志向，提升规划能力。职业体验的关键要素包括：选择或设计职业情境、实际岗位演练、总结和反思。

这四种活动方式之间有联系也有不同。相同点在于：其一，在活动实施中，活动流程基本上是相同的。比如，需要先确定一个研究主题，接着结合小组、制定计划、进行实践探究、总结成果、分享交流、活动评价等。其二，实践探究的方法基本上是一致的，比如，需要亲身参与实践、调查、设计、规划、收集资料、考察、统计、总结等，应用多种方法，解决问题。其三，对于教师在评价学生方面，都需要关注学生的过程性参与以及成果。不同点在于：各个方式的实现目标不一样。考察探究侧重生活问题的探究，比如，自然、经济、科技、人与自我等真实情境下产生的问题进行研究；社会服务侧重于服务；设计制作突出设计与制作、创意与物；职业体验更加聚焦、侧重于专业的体验和尝试。这些不同的目标，产生的活动成果也不一样，但也会有交叉，比如，考察探究成果不仅仅是研究报告，也有可能是学生的创造产物；职业体验更多的是内心的感悟、对学习的规划、未来的信念与职业的选择方向；设计制作类成果必须有创物的产品；社区服务成果大多是总结报告、倡议书，也会有一些创意性的物品形成。

四种活动方式相辅相成，互为促进，不可分割，互为融合。在活动设计时，可以互为联系有所侧重，以某种方式为主，兼顾其他方式；也可以整合方式实施，使不同活动要素彼此渗透、融会贯通。无论以哪种方式为主，都要充分发挥信息技术对于各类活动的支持作用，有效促进解决问题、交流协作、成果展示与分享等。

第 7 问　综合实践活动课程与各学科课程的区别和联系是什么？

综合实践活动与学科活动既有区别也有联系。具体理念支撑和观点如下：

一、课程实施理念与意义不同。综合实践活动与学科课程是两种不同形态的课程。综合实践活动课程是以学生的生活经验、生活背景、生活中感受到的问题与需要为中心，强调学生经验在课程中的独特地位和价值，强调超越教材、课堂和学校的局限，在活动时空上向自然环境、学生的生活领域和社会活动领域延伸，密切学生与自然、社会、生活的联系。课程的实施是建立在学生的活动经验和活动过程基础之上的，强调学生的亲身经历和参与。而学科课程设计的基本出发点也是学生的发展需求，但其逻辑前提是体系化、理论化的间接经验，即知识体系。它为学生认识世界、认识与发展自我提供了系统的认识基础和方法论基础。但任何学科课程的教学，首先都必须保证使学生获得系统的书本知识，并在知识获得的过程中发展学生的能力与情感态度。因此可以说，是面对学生的"经验世界"还是面对学科的"符号世界"，是综合实践活动课程与学科课程的分界。

二、课程设计内容不同。综合实践活动不同于某一学科，它是对学科知识的综合，也是跨学科的学习，更是对学生生活领域和生活经验的综合，其设计与实施特别强调整合学生的经验，整合学生的生活领域，并把学生已有的知识和能力与现实生活情境的问题加以整合。而学科活动以完成学科知识为主要特点，并在各个年级呈现相同内容的不同阶段能力发展目标，具有知识的衔接性和阶梯性。

三、课程实施价值取向不同。综合实践活动课程从活动课程发展而来，具有跨学科性质，它是一门集综合性、自主性、实践性、开放性、生成性于一体的课程；从课程设置的价值取向看，综合实践活动课程不再局限于书本知识的传授，而是通过为学生营造实践情境，引导他们面对各种现实问题，主动去探索、发现、体验，获得解决现实问题的真实经验，从中培养他们的实践能力。综合实践活动课程在培养学生综合素质，尤其是在学会学习、责任担当、实践创新等学生发展核心素养方面具有不可替代的作用。学科课程要保证学生必须掌握与完成国家设定的各科知识体系、技能方法、综合应用等。

四、课程实施方式不同。综合实践活动的实施方式注重从教室走向社会，世界即教材，社会即学习的平台。学生可以在这样的空间自主发现问题并应用所学知识与技能解决问题，学生的探究欲望及实现的研究目标可以是有计划的，也可以是在真实情境下油然而生的，是没有预设的，只要学生以探究的学习方式就能得出一定的结果。而学科活动是教师根据教材的编写自主布置成作业的形式让学生进行经历，是教师或者教材给予学生的目标和内容，并与知识间的体系延展有很大的关系。

综合实践活动课程有它独特的价值，学科课程也有它独特的学科思想。在课程实施中，他们互为补充，相辅相成，不可分割，互为促进，互相成就，以共同实现育人目标。学科课程开展的质量直接决定着学生在综合实践活动课程中实践、探究的质量与能力。同时，综合实践活动和学科课程平行存在，自成体系，在基础教育课程体系中同等重要，各自发挥不同的功能，共同培育学生的核心素养。

第8问 综合实践活动课程与课外活动、学科拓展活动是一回事吗？它们之间的联系与区别是什么？

综合实践活动课程与课外活动、学科拓展活动是不同的。它们之间最大的区别在于：综合实践活动是一门课程，有其自身的课程目标和系统的课程体系，活动之间具有螺旋性和连续性，活动目标非常丰富；而课外活动、学科拓展活动只是一项单独的活动体验，目标比较单一，课外活动注重德育教育，学科拓展活动注重学科知识的综合应用和延伸。当然，它们之间也有联系：首先，课外活动可以用综合实践活动课程的实施方法，对活动进行统筹与整理，丰富目标，将活动上升为课程；学科活动可以结合学科思想，融入综合实践活动的理念，设计成一个学科的研究性学习活动或者项目式学习活动；其次，虽然综合实践活动是多个活动的衔接和延续，但每一次活动都需要有活动目标、活动实施、活动评价等要素，课外活动和学科拓展活动在实施中也需要具备这些要素。具体理念支撑和具体观点如下：

一、设计理念不同。作为一种综合性课程，综合实践活动课程的设计与实施突出课程整合的理念。要体现课程整合的理念，在教学过程中，教师要树立全面的课程资源观，注重从学生的生活背景、社会发展的现实状况等方面对教材加以拓展、延伸和补充，引导学生运用所学的书本知识，从现实生活中发现问题，探讨问题，发展学生参与社会实践的能力，或者通过对现实生活中的种种问题的探讨，引导学生获得书本知识。学科活动的设计仅仅是学科知识点的应用和延伸。课外活动是一项活动，目标比较简单，并不重视学生发现问题与解决问题的能力。

二、首先，综合实践活动课程以学科课程为基础。学生在综合实践活动中，要综合运用在学科课程学习中掌握的基础知识和基本技能。各学科课程为综合实践活动课程的实施提供了认识基础和理论准备。其次，综合实践活动课程不仅为学科知识的应用提供了一个有益的平台，而且学生在综合实践活动中自主获得的知识以及问题解决的能力的提高又促进学科课程的学习，有助于知识的整合。课外活动可以作为课程实施体系中的一个活动。这是他们之间的联系。

三、综合实践活动课和课外活动、学科拓展类活动都是超越学科或课程的概念，也是学校完成教育教学的有机组成部分。三者都是以活动为基础，都能不同程度地体现学生的自主性，满足学生个性发展需要和社会多样化人才的需求，都为学生提供丰富多样的课程资源。

　　总之，综合实践活动课程与课外活动、学科拓展活动不是一回事，但在实施中互相联系、互为融合，不矛盾也不冲突，只不过各自重点实现的目标角度有所侧重。

第9问 研学实践教育、劳动教育和综合实践活动课程有关系吗?

研学实践教育、劳动教育和综合实践活动课程有着密切的关系。

教育部等 11 部门《关于推进中小学生研学旅行的意见》中指出：把研学旅行与综合实践活动课程统筹考虑，促进研学旅行和学校课程有机融合；根据小学、初中、高中不同学段的研学旅行目标，有针对性地开发自然类、历史类、地理类、科技类、人文类、体验类等多种类型的活动课程。2017 年教育部发布的《中小学综合实践活动课程指导纲要》，将研学实践教育列入综合实践课程中的"考察探究"部分，而考察探究是与社区服务、设计制作、职业体验并列的综合实践四大活动方式之一。可见，研学属于综合实践活动课程实施的一部分，更能落实"走出教室走向学校"的理念，进一步促进考察探究类、职业体验类等活动深入、有效地开展。

初期，劳动教育属于综合实践活动课程四大领域之一。2017 年教育部发布的《中小学综合实践活动课程指导纲要》中的考察探究、社区服务、设计制作、职业体验这四种活动方式在某些活动主题开展中都蕴含有劳动教育。2020 年 3 月，国务院印发了《关于全面加强新时代大中小学劳动教育的意见》，将劳动教育纳入大中小学必修课，并将劳动素养纳入学生综合素质评价体系，正式对劳动课程进行了系统规划和构建，重新明确了劳动教育在学校课程中的重要价值和地位。由此，劳动教育课程单独成为一门课程，它和综合实践活动课程成为并列的关系。

但是目前劳动教育课程实施的师资对学校来讲也是一种挑战，班主任可以带领学生进行简单的活动，也可以设置家务劳动让学生在家完成，家长成为家务劳作的督促者和评价者。然而，对于生产劳动类、技术类、职业体验类、学科融合类的课程，就需要有专门的教师进行课程规划与系统实施。因此，劳动教育课程可以和综合实践活动课程进行有效的整合，融入设计制作、职业体验、社区服务等活动方式中，构建劳动教育新模式，达成劳动教育的综合性、实践性和创新性，形成正确的价值观、世界观和人生观，实现立德树人、五育融合、全面育人的价值目标。

总之，劳动教育、研学实践教育与综合实践活动课程之间相辅相成，紧密相连，彼此支撑与融合。如将它们合理、科学地进行融合与重构，将助力学校丰富、多元的课程体系构建，进一步提高学生的综合能力、课程素养，落实学生核心素养的发展。

第 10 问　项目式学习是综合实践活动课程吗？

项目式学习是一种学习方式，它与综合实践活动课程在学习状态、学习内容、学习方式以及学习结果上，具有异曲同工之处，同时项目式学习也体现了综合实践活动课程的实施理念、意义以及独特的价值。

一、学习状态上。项目式学习要求学生从被动的接受者转向积极的探索者，从被动参与到主动参与，是真正激发学生的内源性动机。

二、在学习内容上。项目式学习的价值在于围绕一个富有挑战性的主题，整合学科内甚至是跨学科的学习内容，提高学生综合理解能力，实现学生的综合发展。

三、在学习方式上。项目式学习要求改变以往以知识传授为主的教学方式，用更真实、更综合的项目来引导学生展开学习，让学生在问题解决中实现学用合一。

四、在学习结果上。项目式学习强调学生的实践创新，让学生在探究与创作中形成一定的作品，例如建立模型、设计方案、创编话剧等。

在实施中，项目式学习与综合实践活动课程中的设计制作有相同之处，但目标达成又高于设计制作。项目式学习以解决问题为根本目标，内容上强调完成真实的事项，例如策划、组织、设计、调研、创作等，其基本方式为设计学习，最终要产生具有设计性的作品和产品。设计制作类活动主题，指学生运用各种工具、工艺（包括信息技术）进行设计，并动手操作，将自己的创意、方案付诸现实，转化为物品或作品的过程，它注重提高学生的技术意识、工程思维、动手操作能力等。在活动过程中，鼓励学生手脑并用，灵活掌握，融会贯通各类知识和技巧，提高学生的技术操作水平、知识迁移水平，体验工匠精神等。二者在实施内容上有相同之处：其一，学生都要建立小组，通过团队的协商、规划，经历设计、动手操作、完善改进、创物、评价等活动体验，最终形成设计性的作品和产品；其二，在实施中学生的成长有相同之处，学生都在这一系列的参与中，得到了跨学科的知识重构和应用，学习了书本之外的专业知识与技能，如图纸设计、建筑设计等，体验了工匠精神；其三，在评价方式上也具有相同之处，评价跟随活动的过程，同时也注重产品形成的质量与创造性。

总之，以"项目"为成果，是进一步促进综合实践活动课程深度有效实施的抓手。

第 11 问　创客是综合实践活动课程吗？它的价值体现在哪些方面？

创客是综合实践活动课程，它属于设计制作类活动。

一、从课程目标来看，《中小学综合实践活动课程指导纲要》指出，综合实践活动是从学生的真实生活和发展需要出发，从生活情境中发现问题，转化为活动主题。通过探究、服务、制作、体验等方式，培养学生综合素质的跨学科实践性课程，课程强调学生综合运用各学科知识，认识、分析和解决现实问题，提升综合素质，着力发展核心素养，特别是社会责任感、创新精神和实践能力。从以上内容可以看出，《指导纲要》的要求与创客教育的特质、实施目标和作用不谋而合。

二、从实施理念来看，综合实践活动的实施，是引导学生在实践中学习，在生活中实践。倡导学生主动学习、乐于探究、勤于动手，是引导学生经历多样化实践学习活动的过程，也是经历问题探究、问题解决的基本方法和过程。而创客教育则是以综合实践为载体，强调科学、技术等相关知识结合，把学生学习到的学科知识与机械过程转变为探究活动的相互联系，从而去探究问题的解决方法，突出分析、评价和创造，这些理念是相同的。

三、从课程实施的成效看，都注重一项研究的创物产生。从目前学校开展的设计制作类主题来看，大多都是手工类的成品；创客更加注重的是信息化的整合与项目开发，还有成果经验的发布与推广，如机器人灭火、建筑模型、机器猫编程等。

创客的独特价值在于以下几点：其一，创客强调制作过程的周期性、工具性、现实性及工程性，让学生有足够的空间围绕目标独立安排时间、管控过程，产生协调时间、提高效率的需求，努力将学生置入真实场景中开展学习与实践；其二，创客注重提升学生的跨学科能力、技术能力、已有经验的融合与整合能力，尤其是信息技术的创新能力，这是其他课程所不能代替的；其三，在评价过程中，更加注重突出学生的领导力、设计力、执行力和信息技术能力等。

总之，创客课程和综合实践活动的设计制作类主题都以创新、实践与分享为主，但这并不意味着学生都是一个模子里铸出来的。相反，每一个学生都拥有着丰富多彩的兴趣爱好和各不相同的特长，通过创客课程、设计制作类课程，将学生聚到一起，相互协调，发挥彼此的特长，从而可以爆发出巨大的创新活力。

从以上几点可以看出，创客侧重于信息技术应用的创新、设计、成果的验证以及使用的价值推广。当前，综合实践活动的设计制作类课程成果更多体现在动手操作层面，比如手工制作等，两者是不冲突的。如果将设计制作类活动融入创客元素，学生的创新能力、创造能力、改造社会和生活的能力将得到进一步的提高。

第 12 问　研学是综合实践活动课程吗？如何避免把研学变成"游学""旅游"？

2016 年 12 月教育部等 11 个部门联合印发《关于推进中小学生研学旅行的意见》，提出将研学旅行纳入中小学教学计划中，并指出研学的意义和实施方式，与综合实践活动课程的理念与意义不谋而合，是另一种活动方式的存在和补充。

那么如何避免将研学变成"游学"或者"旅游"呢？教师在开展研学活动时，要围绕研学主题，尝试将研学模块化设计，并在课堂上进行常态化实施，才能整体促进学生在"研中学、玩中学、行中学"，实现研学的价值。实施模块可以分为，行前指导、实践体验、深入研究和总结汇报。具体如下：

一、行前指导。教师先指导学生从不同角度搜集资料，完成主题研学小报，继而指导学生有组织地进行小组讨论交流，并提出研究问题；之后学生完成个人的问题汇报表，并对研究问题进行筛选与提炼；随后完成各小组的研究主题内容；最后制定出小组的研学方案。

二、实践体验。在实践体验的过程中，课程内容以实际景点为依托，以了解研学地点的文化背景和故事为主，围绕研学手册中的研究问题，通过"听讲解""观察实物""查看介绍牌""访问"等方法，让学生进行部分内容的自主探究，获得书本以外的知识，感受文化的魅力。

三、深入研究。返程后，并不是活动就结束了，教师还要带领学生进行研学问题的反馈并交流感受。之后继续进行多种渠道阅读，帮助学生完成简单的小组研究报告。比如，教师需要带领学生将学科知识进行整合，把与此次活动相关的学科知识进行大量的再收集和深入交流。

四、总结提升。每一次研学都是一次成长，不仅仅是学生知识、技能的增长，同时还有小组合作的愉悦和在旅途中与人交往能力的提升、情感的升华。教师要指导学生搜集、整理研学过程中的照片、收获，设计汇报内容，制定汇报形式等。

研学注重的是"在研究中进行学习与行走"，因此，教师需要明确以下几点，才能深入有效地开发与实施研学活动。

第一，活动设计要有科学性。教师需要参考多个学科的课标，将语文、数学、科学、道德与法制、地理、历史等学科与综合实践活动课程、研学相互融合、交叉，为学生设计一个跨学科的、多元体验的研学课程。

第二，研学是学习方式的媒介。研学是学生与教师、学生与文本、学生与学科拓展活动、学生与社会文化交流等之间的联系者、发生者和促进者。研学是一种学习方式，也是一种在行走中探究的"行走模式"。

第三，研学是有计划有目标的一系列活动。首先，研学是学生与教师共同设计、参与的活动，而不是学生个体的活动，更不是教师单方的意愿，它是根据学生的需求共同开发的课程；其次，研学不是随机发生的活动，而是有目标、有计划、有预设、有达成的一系列活动。

当然，研学对学生的安全、活动的质量、评价的机制、服务保障等方面要求较高，需要实践者不断积累经验，探索有效模式。

第二篇
课程实施

不能把小孩子的精神世界变成单纯学习知识。

——苏霍姆林斯基

第 13 问　一个活动主题的开展需要经历哪些环节?

综合实践活动课程的实施步骤一般包括三个阶段,活动准备阶段、活动实施阶段、活动总结阶段。活动准备阶段包括确定活动主题、组建小组、制定活动方案等;活动实施阶段包括调查分析、采访、收集整理资料等;活动总结阶段包括汇报展示、活动评价等。由此,一个活动主题的开展一般需要经历以下几个环节:主题确定、组建小组、制定活动方案、调查研究、中期反馈、汇报前的指导、汇报展示和活动评价等。

主题确定是任务驱动,为学生的探究活动提供目标和内容。

组建小组是学习团队的组建,让学生取长补短彼此学习,发挥个体优势,互促互进,以集体的力量完成探究任务。

制定活动方案是活动有序有效开展的前提,为学生后期活动的可行性提供思路。

调查研究是学生完成研究，获得答案与结论的重要环节，采访、调查问卷、实地考察、观察、对比试验等都是调查研究经常用到的科学方法。

中期反馈是进一步促进活动质量、解决活动问题的重要环节。它具有承上启下的作用，一是总结前期活动，梳理活动困难；二是解决问题，为下一阶段的深入研究扫清障碍。

汇报前的指导是培养学生如何进行汇报展示、如何让汇报吸引人的前期训练环节，直接决定着汇报展示的结果。

汇报展示是学生将活动前、活动中、活动后的总结与感受进行梳理，再将其进行汇报和集体交流，是经验分享、情感丰富、智慧形成的重要环节。

活动评价不仅是对本次研究活动的一个总结与反思，更为学生下一个研究主题的开展指明努力方向。

总之，学生在一项研究活动中，要经历这一系列过程，这些过程是成体系的。每一个阶段都是前一个阶段的发展与延续，每一个阶段的活动质量都影响着下一阶段活动的深入开展。由此可见，教师在每一阶段的活动实施中必须扎扎实实地指导，学生才能获得丰硕的研究成果。

第 14 问 如何选择和确定综合实践活动的研究主题？

综合实践活动作为一项以主题为线索来组织教学内容、展开探究和实践的活动，其主题的选择是教师与学生根据自身的经验与学习的需要对某一事物或现象进行分析、归纳等而产生的概括。主题在相当程度上规定了内容，是活动中的核心问题。因此，主题的选择和确定对活动的开展有着十分重要的意义。

在具体教学中，活动主题选择的方式可以分为三种途径：学科延伸、学生提出和师生协商。

一、通过学科延伸的方式，发现问题。学科延伸指的是学生活用各科教材中可以开展活动的素材，如科学、思想品德、语文、数学、美术、生物、历史、地理等。

第一，可以结合教材中已有的活动。这种选择主题的方法适合低年级学生和初次进行综合实践活动的教师。在现行的教材中，编者已经在其中穿插了一些活动，比如社会调查、口语交际、实践活动等。教材中对活动通常只提出了一个主题，没有过多的操作指导，但这些活动都是符合选题准则和要求的，因为编者在编辑教材时已经考虑到了儿童的年龄特点、可操作性和活动目标，教师只要能够充分地、创造性地利用这些主题即可。某校综合实践活动老师结合三年级语文教材中的口语交际"小小展销会"，让学生以"展销"为线索，引导学生走出校门，走进社会，从而将综合实践活动的主题定为"让"展销"走进校园"。

第二，结合学科内容的延伸。在所学的教材中，教师会找到与教材内容相关的许多问题，而且学生通常也会有较大的兴趣。如数学学科中的"三角形"，重点知识是讲三角形的稳定性，某小学结合此知识点开展学科的延伸活动，让学生以三角形为基本形状，建造一座桥，并实验其载重能力。这样既与教材紧密联系，又使学生拓展了知识面。

第三，结合其他综合实践活动主题的衍生。从已有的综合实践活动中汲取经验，并将之完善、创新。从我们熟悉了解的综合实践活动中衍生出形式相似或者内容相关的主题，甚至是相同的主题。这样，活动过程中会有不少参考经验，对活动的开展将起到重要的作用。比如某学校的"种大蒜""莲藕娃娃快快长吧""种小麦"等主题活动在形式上就有很多相似之处。老师可根据学生缺乏对农村生活了解的特点来选择类似主题，在操作过程中就会有很多可供借鉴的经验。

二、根据学生提出的问题进行引导，确定有价值的主题。让学生根据自己的兴趣提出多种主题，并在教师的指导下选出合适的主题，这是一种常用的选择活动主题的方法。

第一，在课堂上让学生直接提出自己的想法。让学生选主题，可以让学生举手随便说，也可以让学生分小组讨论再确定。但由于学生的认知能力、思维水平和生活经验有限，他们提出主题的时候通常都是漫无目的的，只是根据自己的兴趣和现有的生活经验来决定，甚至只是和他最近一段时间发生的事情有关。因此，虽然主题是由学生提出来的，但教师的指导必不可少，在选择学生提出的主题时就要遵循相关的准则和要求。例如某校的"走近钟表世界"，教师在综合实践活动课上组织学生讨论活动主题，有的想研究航空母舰，有的想研究汽车，有的想研究星座，还有的想研究手表……完全是凭空想象，由于内容十分广泛，孩子们还不能把握，所以大多数比较同意研究手表，最后教师经过斟酌和同学们共同确定了"走近钟表世界"这一活动主题。

第二，让学生在课前经过调查研究后提出想法。让学生先选择生活中的一个方面进行初步调查，主要是了解现状，等大家都把这些调查结果汇总到一起再进行选择。这种选择主题的方法从一开始就让学生进入活动当中，从选择调查的内容到调查的方法都对学生有较高要求，通常要学生有一定的基础。其中最基本的要求是学习或了解过调查的方法，在调查时如果能分组进行，缩小调查范围对活动主题的选择也会有帮助。例如，某校综合实践活动老师先给学生两个星期的准备时间，让学生用心去观察周围的生活，看看能发现什么问题，并把发现的问题写下来。通过师生共同协商，尽可能地选择学生感兴趣的和贴近学生生活的主题。

三、教师从多个角度进行引导。教师作为教学活动的引导者，比较善于在教学中发现问题，比学生有更丰富的生活经验、更宽的知识面和更善于思考，可以从以下几个方面进行引导。

第一，从日常教育工作着手，教师要善于观察、善于发现存在的问题，并能准确抓住教育的契机。比如洋快餐、过生日、比名牌衣服……教师发现问题，把握教育契机，注重习惯教育、道德教育，将其转化为学生学习探究的好时机。

第二，开发利用学校资源。学校与学生联系紧密，学生对学校有比较深厚的感情，比如邓亚萍的母校开发了"活力乒乓""我为学校写校志"等课程。

第三，抓住生活和社会焦点问题。寻找与学生日常生活直接相关的问题，从社会现象、生活环境、衣食住行等入手。如"书店在 e 时代的生存""外卖下的白色污染"等，都紧密与社会、生活相联系。

第四，联系地方文化特色，深挖城市文化内涵。北方人喜欢吃面，研究"烩面文化"，以上海"东方之珠"为地标的建筑研究等。

第五，挖掘民族传统文化。首先，根据中国传统节日，确定活动主题，如"端午节""八月十五桂花香""欢欢喜喜过新年"等；其次，根据二十四节气开展活动主题，研究食谱、花茶等。

第六，联系周围社会生活环境，研究与环保相关的问题。比如，"小筷子里的大文章""我们身边的垃圾"等与环保有关的主题。

第七，国际文化研究。"中西餐饮""营养早餐"等活动涉及国外文化，可延伸探究国外的餐饮礼仪、餐具、饮食习惯等，将中国饮食和西方饮食从营养上作比较，获得科学合理的搭配饮食习惯。

总之，选定活动主题是综合实践活动的第一环，也是非常重要的一环。在选择和确定中，有些内容是相互交叉的，可能会有一些主题并不是通过单一途径寻找到的。只要教师遵守选择主题的几个原则，师生就能共同确定感兴趣和有价值的活动主题，比如，主题适合"以小见大"，主题切合学生的生活实际并能实现操作，主题有一定的研究价值和意义等。

第 15 问　如何指导学生进行活动主题的分解？

　　活动主题确定后，引导学生找到研究的切入点，帮助学生分解主题，确定自己研究的小主题；学生能否正确地分解活动主题，关系到整个活动的开展。主题分解环节最为关键，也最难，很多教师也觉得无从下手。综合一些案例的分解规律，其实主要有两大类：一类是横向分解，另一类是纵向分解。

　　一、发散性思维方式，横向分解活动主题。发散性思维是不依常规，寻求变异，对给出的材料、信息从不同角度，向不同方向、用不同方法或途径进行分析和解决问题的能力。联系到分解活动主题，就是从活动主题入手，让学生寻找所有与活动主题有关的问题，再对这些问题进行筛选，进一步整合、转化、剥离，最终将一个大的活动主题分解成几个子主题，这样就达到了分解主题的目的。

比如，在实施"卡与我们的生活"中，学生提出这样的问题："卡的好处？第一张卡是谁发明的？卡为什么做得那么小？卡的共同点是什么？卡的使用寿命？卡的密码与挂失？学生卡为什么只能刷一次？一卡能多用吗？卡真的可以替代钱吗？卡的用途、种类、尺寸、颜色、形状、材料有哪些？卡的使用方法？卡的发展历史？卡的制作方法？我们还可以设计卡吗？哪些卡的使用频率较高？卡与我们的生活有怎样的密切关系？"接着，学生先对这些问题进行筛选，有一些问题可以当堂直接解决，如卡的好处：小巧、方便、快捷。卡的使用寿命：有些卡的寿命在制作时已经规定了，到期就会自动作废。卡的使用寿命还与卡的材料有关……筛选后再进行合并，其他问题按关联程度进行分类。最后形成了几个大方面：1. 卡的种类、用途、使用方法；2. 卡的尺寸、颜色、形状、材料、制作方法；3. 卡的发展历史及与卡有关的趣闻趣事；4. 卡与我们生活的密切关系；5. 我们自己动手设计卡和废卡新用。主题分解后就可以继续对子主题进行分解并确定探究方法了。这就是所谓的发散性思维方法——横向分解法。

二、逻辑性思维方式，纵向分解活动主题。逻辑性思维是在感性认识的基础上，运用概念、判断、推理等形式对客观世界做出间接、概括、反映的一种科学方法。联系到主题分解，跟我们做数学应用题很相似。从最后的未知问题入手，逐步往前推，理清脉络，列出解决问题的步骤。

如某教师在分解"我为母校写校志"这个活动主题时，采用的就是这种方法，如同做应用题一样，从结果向前推。首先让学生明确这个活动最终的任务是要为母校写校志，然后提出学生怎样才能写出一本像模像样的校志。这时学生就需要了解自己的学校，先找资料，然后提出"那该怎么写、校志有什么要求"等问题。学生不会写校志是因为对"志"不了解，那学生还必须知道什么是"志"。学生了解"志"又要通过哪些途径呢？是不是应该向专家请教？……就这样，一个大的活动主题就一步步倒着分解成了几个步骤，而实施的时候正好要倒过来。首先，了解怎样写"志"到确定完成任务的渠道及各小组共同制订计划与实施；其次，确定校志大体方向、主要内容等；最后，开始动手写志，拟定校志提纲、搜集与整理相关资料最终编辑成书。这个分解方式是非常典型的逻辑思维方式——纵向分解法。

三、横向分解和纵向分解相结合。将这两种方法都教给学生，只要灵活运用，学生很快就能学会如何分解主题，尤其是高年级的同学在自主开展活动时，明白了该怎样开展自己的主题研究，为学生的自主探究打下了良好的基础。例如，在实施"麦当劳受欢迎的秘密"主题中，可以先横向分解，让学生先针对麦当劳这种洋快餐找问题，还可以让学生先观察，由观察结果来提问题。然后再从麦当劳为什么受欢迎，开始使用纵向分解法，最终形成子主题。

　　总之，主题分解是综合实践活动实施过程的开端，是活动成功实施的关键，指导教师一定要引导学生参与问题的提出、筛选、整合和转化等过程，使学生的思维能力在这一过程中得到真正的提高。

第 16 问 在综合实践活动课程实施中，必须组建学习小组吗？

　　合作学习是我国新课程改革后积极倡导和组织实施的学习方式，使学生"由被动接受学习，转变为主动探究学习"。综合实践活动提倡以小组为单位的活动形式，学生不仅乐于接受，而且便于学生间交流，有助于学生获得深刻的情感体验，掌握与人沟通的技巧，是促进学生性格健全发展的基本形式。因此，在综合实践活动课程实施中，学生必须组建小组。那么，如何指导学生组建小组，达成小组合作学习的意义呢？

　　通过教师从三年级到六年级不同阶段的实践探究，得出以下经验。

　　一、异质同组，同质异组，实现小组分组均衡化。所谓组内异质表现为小组成员在性格、成绩、动手能力、表达能力和家庭等方面存在一定的差异性和互补性。教师在分组的时候要对学生的情况做详细的调查与了解，按照学生的特质及性格进行科学合理的分组。而组间同质，即小组间尽量减少差异，使各方面情况相当，尽量使各小组之间的力量均衡。

二、小组成员相对固定与适当调整相结合。在实践中发现，每个小组人数以 4～6 人为宜，人数过多的小组可能导致在合作时有学生无事可做或者产生依赖其他成员的情况，不利于学生任务的发展。人数过少的小组则会导致每位同学在活动中承担较重的任务，不能按时完成活动，也就失去了小组合作的意义。每个小组的成员安排好以后，要尽量保持成员的相对固定，因为小组在合作了几次之后，同学之间的磨合会形成相对习惯的合作模式，有利于小组合作效率提高，但如果在合作了几次之后发现问题也可以对小组成员进行适当的调整。

三、精心搭配小组成员，合理分工。在小组成员的搭配上可以根据学生的兴趣爱好及特长进行搭配，合理分工。比如，有的学生擅长绘画，可以安排该生制作小报及绘画；有的学生擅长书写，可以让他与擅长绘画的学生共同合作制作小报等；有的学生擅长拍照摄像，可让他负责活动时的摄像及拍照工作；有的学生对电脑比较精通，可以让该生进行资料查找、PPT 制作等；有的学生擅长活动组织，可以让该生担任小组长，负责管理及督促同学开展活动。只有在每个小组成员合理分工及搭配后，才能更有效地促进活动的开展。

四、自愿与推选相结合选举小组长。小组组长是一个小组的灵魂人物，小组成员都是在组长的安排下开展活动。小组组长不应该由教师随意指定，所谓的"民意向之"，即教师在选择组长时一定要民主选举，选的组长不一定是成绩最好的，但在某些方面比较出色，如语言表达能力较强、有责任心、有一定的管理能力、大家比较信服。学生通过自荐与推荐相结合，少数服从多数，选出自己心目中的组长。当选出组长后，教师还应该征询该生的意愿。

总之，综合实践活动中，教师只有重视了小组结合的过程、人员配置、科学分工，才能在后面的教学活动中开展得更顺畅、更有效，使小组活动真正成为每个人的活动，让每位同学在活动中都能有所收获、有所发展，全面提升学生的综合素养。

第 17 问　如何制定活动方案更适宜小学各年级段间的衔接？

　　制定活动方案是每一个主题活动有效开展的基础，是主题课程中培养学生独立思考、发现问题、虚心合作、大胆交流、解决问题和提高综合素质的一种课型。切实可行的活动方案是学生实施活动前的必要准备，体现出活动的预设性，保障活动能有序进行。由此可见，指导学生制定活动方案非常重要。

　　那么，教师在指导学生制定活动方案时，应该从哪些方面入手，才能达到课堂指导的有效性，并在不同年级实现衔接呢？策略如下：

　　一、在方案制定的教学中，教师要让学生明白制订计划的重要性和必要性，指导学生正确把握制定活动方案的基本要素和基本格式，自主、规范地进行活动设计，通过交流、合作、论证，进一步完善活动方案。学生通过综合实践活动方案制定的过程逐步学会制订计划、提高规划能力，并使学生从规划活动逐渐走向规划人生，为学生的未来发展奠定基础，这便是综合实践活动方案制定课程的价值所在。

二、教师要探究与提炼制定活动方案的课堂流程。通过我们多年常态实施综合实践活动课程的经验，提炼出以下设计流程：1. 激趣导入，促使学生投入活动；2. 教师提供典型范例，师生探讨方案设计技巧；3. 小组有效合作，制定活动方案；4. 现场展示交流，及时评价修改；5. 及时反馈小结，延伸课后活动内容。

三、不同年级的学生年龄特征及认知水平不同，活动目标的制定要呈现阶梯性、发展性。比如，一、二年级以制定活动计划为主，一、二年级的学生只需要知道做一件事需要计划，根据活动的主题，在教师的指导下，简单地填写一份调查研究计划表，表格中包含研究主题、活动安排、活动分工几个要素即可。一、二年级学生的识字能力有限，教师必须指导学生用符号代替文字的记录方式。对于三年级学生，教师可先提供一个成功方案案例，让学生观察，认识活动方案的基本结构包括哪些因素，再提供一份活动方案设计表，让学生根据要求进行调查活动，放手让学生自主进行活动制定。四年级学生，小组列举活动目标，按时间顺序安排进程，在组长带领下，填写活动方案表。五年级学生，小组列举活动目标，明确研究任务，确定研究目的，根据活动的每一次需要，设计详细的、可行的小组活动方案。六年级学生，独立列举活动目标，明确研究任务，提出主要目的，从时间、地点、条件、分工、任务等方面设计具体、可行的方案。

　　总之，教师要根据学生的能力、经验和认知的特点，方案制定中让学生经历一个由"扶"到"放"的过程。低、中年级段，主要以"扶"为主，高年级段主要以"放"为主，扶放结合，让制定活动方案课，既有趣又有效。

第 18 问　各阶段学生采访能力一样吗？如何设计年级采访能力目标体系？

　　访谈调查法又称访问法或谈话法，也就是我们常说的采访。它是指通过研究者与被调查对象的直接对话并收集事实材料的一种调查研究方法。它是一种古老而又普遍的资料收集方法。这种方法的主要特点有二：第一，它是一种研究性访谈，是一种有目的、有计划、有准备的谈话，而且，在谈话的过程中要有非常强的针对性，始终围绕研究的主题进行。第二，访谈调查是以口头提问形式来收集资料的，整个访谈过程是调查者与被调查者直接见面，并相互影响，相互作用，形成互动。这种方法，是综合实践活动课程实施中学生需要经常使用的方法。因此，指导学生培养采访能力、设计年级采访能力目标非常重要。

　　不同年级的学生具有不同的年龄特征及认知水平，随着课程的实施，学生的采访能力、知识体系、问题能力、口语表达能力都在逐渐提高，因此，不同年级段学生的采访能力不一样。

通过多年课堂实践，我们认为各年级段的采访目标可以这样设计：

一年级除了基本的采访礼节之外，学生能够提出一个与研究主题相关的问题即可。

二年级可以根据活动主题的需要多问几个问题，并能对答案产生一定的感悟。

三年级要简单了解访谈的目的和意义，能够比较合理地确定访谈对象，并初步提出符合访谈目的和访谈内容的问题，能尝试完成简单的访谈记录，并能对采访的答案产生一定的共鸣。

四年级要明确访谈的重要性，合理确定采访对象，列出提纲，仿照模板制作访谈记录表，并根据访谈情况，进行总结。

五年级要求小组内针对活动内容制定访谈计划，进行小组分工，完成访谈内容，并做出较详细的记录，整理出有效的访谈总结。

六年级要明确访谈目的，根据活动主题制订详细的访谈计划，详细记录访谈内容，总结出有效结论，并有自己的合理见解。

七到九年级能明确访谈对象及目的、确定组内分工、访谈形式，合作完成访谈任务，以多种形式整理、展示访谈结果，并对访谈结果有一定的思考。

教师在指导学生进行采访时，可以分为采访前、采访中和采访后三部分进行指导。采访前，帮助学生确定采访目的、设计采访问题、确定采访主题、做好人员分工、选择采访对象、准备材料物品、确定采访方式、预约时间地点。采访中，要提醒学生注意礼仪，言谈举止要得体，并认真做好记录或者摄像与录音。采访后，指导小组成员进行信息整理，提炼归纳，形成采访稿，为后续的研究做准备。

总之，凡事预则立，不预则废，只有活动前做好充分的准备，才能促进活动的顺利开展。

第19问 如何指导学生设计调查问卷？各学段设计目标的侧重点是什么？

活动开展到一定阶段，学生如果需要了解人们对某种观点、事物、现象的看法，就需要进行调查，为了节省时间、人力、物力，使用调查问卷是最有效的方法。因此"方法指导课——设计调查问卷"就是在这种条件下产生的。

调查研究是综合实践活动实施过程中经常运用的方法。调查问卷，又称调查表，是调查者根据一定的调查目的和要求，按照一定理论假设设计出来的。它是由一系列问题、调查项目、备选答案及说明组成，是向被调查者收集资料的一种工具。调查是收集第一手资料的一个重要手段。学生通过调查，不但可以了解自己需要的内容，同时还可以提高他们的问题意识、培养他们的待人接物能力和与人交流的能力。通过一份科学有效的调查问卷可以获得有所值的参考数据，对后期活动的顺利开展有促进作用。由此可见，指导学生设计一份可行的、科学的调查问卷非常重要。

那么，教师如何指导学生设计一份科学有效的调查问卷？教师可以从以下几点入手：

一、提炼课堂流程，提高课堂的时效性。通过教师多年实践经验，总结出以下活动流程：环节一，回顾前期活动，导入新课。让学生对活动有一个整体的认识，同时明白该节课的重点是什么，做到有目的地参与学习活动。环节二，了解调查问卷的基本结构。比如，经过观察、分析，很快能总结出调查问卷的几大部分：标题、卷首语、调查内容和结束语，然后再让学生模仿老师所出示的调查问卷，确定本次调查问卷的标题、卷首语和结束语。环节三，指导学生设计调查问卷。在教学过程中，让学生了解调查问卷的问题里的选择式、填空式和问答式都是常见的形式，并通过对比了解选择式是最适合用的。然后让小组学生合作，围绕自己小组研究的问题共同设计三个问题。环节四，小组展示设计的问题，学生评价、分析和修改。比如，让学生把设计的问题先写在卡片上，然后贴在黑板上，随后指导学生来分析这些问题，从而一步步总结出设计问题要体现"问题有效""表述清楚""选项全面"等方面；接着小组进行修改与完善，并再次进行展示与反馈。环节五，学生交流该节课的收获。以评价表的形式，让学生自评该次活动自己在知识技能、合作探究、感情体验等方面的收获。环节六，教师对该节课进行总结，布置作业。

二、制定不同年龄阶段的学生能力标准。一、二年级不宜以专业的调查问卷来开展活动，多以采访形式开展，为三年级积淀问题设计能力打基础。三、四年级学生主要了解调查的作用和重要性，在老师的指导下设计调查表，针对某个问题进行抽样调查；五、六年级学生根据调查目的进行调查问卷的设计，有效实施调查，并对调查结果进行分析总结，形成简单的调查报告。七到九年级学生要熟练掌握调查表的格式和内容，自主设计调查问卷，独立或合作实施问卷调查。对调查结果进行分析，将文字结论转化成直观的图表形式。

总之，在课堂实施中，要帮助学生明确不能为了设计调查问卷而设计，后继还要发放问卷、收集统计问卷、分析整理问卷、得出相关结论……这些工作同样重要。同时，这些完成了，才算是完成一个调查活动。

作为指导教师，在实施过程中要注意根据学生的实际情况和年龄阶段，进行设计与规划问卷调查的目标体系，稳步发展，逐步提高学生的问卷设计能力、调查能力、总结与归纳能力。

第 20 问　如何结合学生年龄特点，选择设计制作课适合的主题活动？

设计制作课是综合实践活动课程中的一种课型，也是学生非常喜欢的一种课型。在主题活动中，学生根据已有知识、技能和经验，发挥想象力、规划能力，自主设计、动手制作富有个性的特色作品，发展创新能力、设计能力及实践动手能力。设计制作课，以其鲜明的特点及丰富有趣的内容，深受学生喜爱，是整个活动极富创造性的一个环节。

然而教师在此课型实施中却容易出现各种问题，如：对学生设计制作能力深挖不够，学生创造性思维不能充分发展；制作活动流于形式，或者与美术、劳技等学科中设计制作课的主题选择及目标定位出现混淆等现象。如何解决这些实际问题，使综合实践活动中的设计制作课既能呈现本学科特点，又能充分发展学生的创新思维和动手能力呢？

一、明确设计制作课在各年级段不同的能力目标。低年级可以注重学生的动手能力、创新思维的培养，通过玩一玩、做一做等活动，调动学生动手探索的积极性，增强对手工制作的兴趣，增强做一件事情的意志力，并从日常生活的小事学起，初步具有观察、思考、模仿、欣赏的意识，培养审美情趣。中年级注重从劳动与技术实践活动入手，认识一些常见的技术加工材料，知道其性能和用途，掌握一些简单的手工艺技术；会简单的烹饪技术，培养持之以恒的毅力、克服困难的意志。高年级能进行简单的技术设计，具有良好的动手操作能力，学会一些技术探究方法，掌握一种传统工艺或它的基本流程，具有一定的创新和实践能力，具有较强的反思和评价能力，明确技术与环境、技术与生态学的关系，树立环保意识。初中注重生活实际应用，与劳动技术相结合，走向职业体验类的活动，使学生感受工匠精神。

二、主题选择要适合各年级学生的特点和需求。根据各年级不同的年龄特点和认知、动手能力，各年级要适当选择不同的设计制作类活动主题。一、二年级适合的主题活动有：钉纽扣、做贺卡、废物制作、简单剪纸、折纸、简单泥塑、设计制作名牌等。三、四年级适合的主题活动有：缝沙包、简单编织、制作中国结、烹饪、折纸、制作植物标本、平面串珠等。五、六年级适合的主题活动有：立体串珠、泥塑、陶艺、纸工、编织、印章、刺绣等。初中适合的主题活动有：剪枝、制作酵母、插枝、栽培以及版画、剪纸等非遗项目的体验。

三、教师在活动实施中要运用有效的指导策略。设计制作课是综合实践活动课程中的一种特殊课型，它兼顾科学、美术、劳技等多门课程的特点，集中体现了学生动手能力、实践能力、分析能力、探究能力、设计能力和创新能力的发展。上好此类课的三个关键要素为：1. 教师对学生创造潜能的激发是否深入全面；2. 核心技术问题的指导是否清晰有效；3. 对预期操作成果的评价是否及时可行。其具体实施策略如下：1. 将观察分析—实践操作—展示评价三大环节串成一线，有效培养学生观察、操作、评价能力。2. 做好课前准备，包括材料的搜集及学生制作能力的预设。对学生制作时可能遇到的困难做到心中有数。3. 发挥学生自主探究意识，最好能自己找到制作方法或自己总结出一般规律，将技能方法进行自主内化。4. 重视评价的力量，合理安排评价方式，让学生在活动最后对自己和他人的成果有所总结、有所收获。

总之，设计制作课已经不能简单地理解为仅是学生的动手操作活动。它集技能、方法、理念为一体，是运用专业的设计学、美学、空间建构学的指导方法，可以实现学生创作思维和能力的真正提升。

第 21 问　综合实践活动课程中的实验探究课与科学、生物、化学、物理课的实验探究课有什么联系和区别？

实验探究课是学生在教师的指导下，运用已有的知识技能，充当新知识的探索者和发现者的角色，通过学生自己设计方案，进行操作实践，去探索和解决问题的一种活动模式。作为一种以实践和探究为主体的活动课型，在科学、生物、化学、物理课中都十分常见。

综合实践活动课程中的实验探究课与各学科的实验探究课之间既有联系又有区别。

他们的相同点有以下几点：第一，课型流程相同。它们的基本环节都是：提出问题—大胆猜想—实验探究—得出结论。这四个环节紧扣活动中提出的问题，通过大胆猜想激发学生的探究兴趣，为下一步的自主探究做准备。他们都以小组合作探究的方式进行组内分工合作，进行实验探究，学会运用猜想、观察、对比、分析等方法进行实验，得出结论。第二，课堂形态相似。课堂中突出学生学习的自主探究性、实验趣味性与科学性、结论的科学与正确性等。第三，活动评价的要素是相通的。比如，注重学生的亲身体验与所获、注重学生的总结与反思能力等。

当然，它们之间也有不同点。第一，综合实践活动课程的实验探究课的背景产生于整个课程体系，是基于主题活动与学生需求而产生，具有承上启下的作用，而科学、化学、生物、物理可以是单一、独立存在的。第二，综合实践活动课程注重跨学科之间知识与技能的综合应用，而其他学科的实验探究课注重一个知识点的深度探究。第三，综合实践活动课程的实验探究课目标达成不像其他学科注重的是知识体系的获得。

总之，综合实践活动课程中的实验探究课与其他学科的实验探究课之间既相互关联，又彼此各异，更是互相促进。各个学科的知识点与技能应用，为综合实践活动中学生问题的解决积淀了多元的基础与灵活应用的土壤，综合实践活动课程平台又重组了各学科间的知识结构，重构了思维发展，提升了技能融合，进一步提高了学生学以致用能力和融合实践能力。

第 22 问　中期反馈课必须要上吗？如何上好一节有深度的中期反馈课？

在综合实践活动实施过程中，从小组活动方案制定开始，一直到成果展示阶段，会出现各种难以预测的情况，总会有这样那样的问题产生。比如，难以取得有价值的资料、课题研究方向偏离、课题难以深入研究、小组成员合作不愉快、出现新的研究课题等问题。这时，就需要综合实践活动指导教师适时、适度地为学生指点迷津，这也就是中期反馈课的意义。可见，中期反馈课直接影响着整个活动能否有效且深度地开展，也是学生能力提升与自我成长的必由途径，起到承上启下、整体总结提升的作用。因此，中期反馈课必须要上。

那么，如何上好一节有效、有深度的中期反馈课，进一步推动学生后期的调查活动呢？主要有以下几点：

一、提炼中期反馈课的设计要素及教学流程。中期反馈课就是要创设一个平台，给学生一条寻求解决问题的路。这样的平台要能激发各个活动小组思维火花的碰撞，挖掘学生内心真实的想法，给小组之间创造交流、沟通的渠道。于此，中期反馈课的教学设计包括三个要素：为什么交流？交流什么？怎么交流？"为什么交流"是指教学目标的设计，"交流什么"是指教学内容的设计，"怎么交流"是指教学过程的设计。在讨论交流时，教师要注意合理安排各个环节，具体活动流程分为回顾导入—表述问题—讨论交流—认知建构四个环节。

二、帮助学生梳理前期活动的总结与反思。中期反馈课看似是学生占主导地位的一节课，实则教师的指导策略非常重要，决定着学生活动是否能有效顺利开展。首先，教师要引导学生积极汇报前期活动的过程及取得的成果，并用多种方式展示活动成果，为学生搭建一个展示的平台，为下一阶段的汇报展示打下基础。其次，教师组织生生之间互动交流，从前期活动中发现问题，提出活动过程中遇到的困难，寻找解决问题的方法，推动学生活动有序进行。最后，在指导过程中引导学生规划下阶段活动，认真策划下阶段活动方案，发现新生成的活动目标和主题，并鼓励学生将活动不断拓展、深入，并最终取得成功。

三、合理规划中期反馈课在不同年级的分阶段实施要求。在小学各学段实施中期反馈课，要考虑学校的基本学情与学生活动实际开展情况，这些都有不同的要求：

一、二年级是综合实践活动课实施的起始阶段，根据学情，基本实施短周期活动。指导教师多以督促、引导为主，逐渐促使学生在活动中自主活动、有效体验。

三年级，经过两年的课程实施已经积累了一定的经验，教师可以以简单的课型引导学生参与、交流，提供思路。

四年级，学生有一定的实施组织能力，活动以中长期为主。由于学生活动能力有很大的提升空间，指导教师在放手的同时，尽量关注活动的有效性；在活动中期进行反馈，避免活动偏离主题；关注活动中新生问题的解决；关注学生在活动中的深切体验。

五、六年级，学生已基本形成独立思考、自主探究的活动方法。在中期反馈课上，关注学生在活动中的内在成长，能力提升，更重要的是关注学生在活动中小组成员之间的合作，甚至是组组之间的合作，这样才有利于培养学生的社会角色，倾向于向学生渗透"社会人"的重要性。

七至九年级，引导学生注重经验分享的同时，提出更深刻和有思考、探究价值的问题，让学生的思维得以向深层次发展。

总之，中期反馈课能有效引导学生积极汇报、及时反思，体验收获、表达情感，还能及时找到解决问题的方法，推动活动有序、有效推进，它是综合实践活动课中不可缺少的一课。

第 23 问　如何指导学生梳理一个学期的过程性资料?

在综合实践活动实施的过程中，学生经历了主题确定、方案设计、调查研究、得出结论，会搜集到许多原始资料。如小组活动方案表、调查问卷、实验数据、活动日记、活动照片、视频、采访记录、实物模型等。这些原始资料，是活动过程的真实记录，也为活动总结阶段寻找规律、得出结论、撰写各种报告提供了重要依据。我们如何帮助学生养成有序对待资料的习惯，如何指导学生创造性地搜集并有效的整理资料，从而培养学生自我反思能力、欣赏能力、审美能力、归纳能力和取舍能力呢? 在不断的尝试中，找到以下方法:

一、指导学生选择内容。教师要对学生准备的作品提出一定的要求。比如，把与研究主题相关的资料放进去，小组简介、活动方案、调查问卷、采访提纲、汇报方案、收集资料、活动评价表、研究报告、活动感受等。这个过程是学生对活动资料进行收集和整理的过程，也是引导学生开始审视自己作品的过程。

二、指导学生有条理地整理。教师要指导学生形成整理档案袋最有效的思维方式。比如，按活动顺序将手中的过程性资料进行摆放，最能体现整个活动的连贯性和步骤性；也可以根据学生的活动资料的内容分类来放，如按照文字、图像、视频等内容的不同分类排序进行整理。

三、指导学生设计档案袋的栏目。栏目可以把后面的内容串联起来，自己查看方便，他人查看也方便。这时，需要教师启发学生设计一些小栏目，如收获园、我的荣誉等，让学生根据小栏目自定目标、自设标准、自选形式、自组内容，以逐步培养学生的归纳能力和独立性。

四、帮助学生总结与反思。整理档案袋，不单纯是为了整理，更重要的是通过整理引发学生对自身参与活动的总结与反思。如哪些环节的资料不够丰富，下一阶段的努力方向是什么等。这个是深化认识问题的过程，是发现参与活动是否达到最初目标的过程，是进一步提出自己的见解和观点的过程，是反思活动亮点与不足的过程，也是同学之间互相学习与促进的过程。

五、适时评价，激发学生习惯的养成。档案袋不仅记录着活动的开展情况，还是保存资料的方式。教师不仅要引导学生整理资料，还要进行档案袋的评比。通过评比的方式，不仅可以激发学生好习惯的养成，如及时梳理资料、及时整理资料的好习惯；还可以提高学生的综合能力，比如筛选分类能力、绘图设计能力、思维能力等，最终促进学生之间的交流与分享，形成智慧。

总之，教师只有通过每学期一次的梳理资料与评比活动，才能逐渐培养学生收集与整理能力、设计能力、创新与创造能力等，引领学生养成有始有终的做事风格。

第 24 问　汇报展示指导课的价值意义在哪里？教师需要处理好哪些关系？

综合实践活动过程中的汇报展示交流阶段是活动的最后一个环节，是经验共享的过程，也是调整、深化的过程，最能体现学生的探究欲望和学习质量，也是教师对学生开展的状况做进一步的指导和评价的重要依据。由此可见，在汇报展示前对学生进行有效的指导既有启发作用，又直接影响着汇报展示交流的质量和品质。因此，根据学生需求和课程实施的需求，汇报展示前对学生进行集中指导非常重要。

在课堂实施中教师要处理好以下几个问题，才能达成指导的有效性，并帮助学生构建汇报的思维框架。

一、处理好常态和非常态的关系。在常态化实施下，作为指导教师，就需要把对学生的指导内容从讲台下搬到讲台上，并对不同小组的研究内容及形式进行有效、科学的指导，发现共性问题，为学生提供交流探讨的平台，使学生在活动中体验和掌握解决问题的基本方法，形成知识与技能，培养学生的探究意识和探究能力。这就需要教师设计出能满足学生发展需求的活动环节，如指导学生选择哪些方面的内容从突出活动的亮点、不同的内容应该选择哪些形式进行展开最为恰当、时间如何统筹分配才能重点突出、小组成员之间如何配合的默契、上下台的队形和动作如何排练等。

二、处理好汇报内容和汇报形式的关系。首先，要明确汇报的内容是正确的、充实的。教师可以引导学生从这些方面进行汇报。比如，汇报研究主题、研究过程、研究结论、研究感受、新的问题等。其次，要明确汇报形式是根据汇报内容进行选择的，形式是为了服务内容，让内容充满吸引力，而不能为了形式的新颖而淡化了汇报的内容。因此，需要避免为了形式的新颖而和内容不和谐的现象。

三、处理好重点与非重点的关系。汇报展示是对一个研究主题全面的总结与梳理，学生都想面面俱到地进行充分展示，证明小组活动研究的结果。学生的这种心理可以理解，但作为汇报展示活动，存在潜在的竞赛性和规则，比如，有一定的时间规定、汇报人员合理的分工等。这时，就需要教师引导学生产生思考，时间不够怎么办？从而探讨汇报时要突出小组研究活动中大家最想汇报的内容，也就是本组的重点。比如，活动结论、活动感受，以及值得推荐的经验价值或解决问题的独到之处等。

四、处理好个体和整体的时间关系。由于汇报展示的时间是有限的，不仅要考虑突出重点，还要统筹考虑汇报的研究主题、研究过程、研究结论、研究感受、新的问题等几个方面的时间分配。教师要引导学生根据小组的具体研究活动进行筛选与确定。比如，对研究的过程、汇报的结论进行时间上的倾斜等，这样既让学生的汇报生动有趣、重点突出，又能培养学生的时间统筹观念和能力。

总之，只有处理好以上四种关系，才能为学生丰富有趣的汇报展示活动打下扎实的基础才能促进学生之间的交流，产生共鸣，实现汇报展示这一活动环节的意义和价值。

第 25 问　如何体现各年级间汇报展示能力的螺旋式发展？

　　成果交流课是指导教师组织学生围绕主题活动而开展的实践活动成果展示，并进行交流的活动课型。它既是主题活动的一部分，也是活动结果的呈现阶段；既是对学生前一阶段研究情况的检验，又是下一阶段拓展延伸阶段的启蒙。因此，成果交流是综合实践活动中十分重要的环节。它不是以学生知识的获取为第一目标，而是呈现学生在活动主题下的调查研究、合作交流的过程，并在反思评价中提高认识。在这些过程中，学生学会倾听、学会质疑、学会表达、学会阐释、学会包容、学会评价等，是学生各方面能力得以全面锻炼的一个过程。基于上述能力目标，各年级的汇报展示交流课流程可以大致相同。

　　在小学各学段实施成果交流课，要考虑学生的学情与学生活动实际的开展情况，对不同年级段应有不同的要求，其能力目标也应不同，而且是不断发展的。那么如何体现学生汇报展示能力的螺旋式发展？各年级实施策略如下：

一年级学生年龄小，语言表达能力弱，可以以分工的形式，展示活动中的资料，用简短的一句话对研究的主题、研究的过程、研究的结果、活动的收获进行分享。

二年级可以在一年级的基础上增加内容。在形式上，可以让学生在家长的帮助下制作简单的幻灯片，也可以在教师的指导下以表演的形式进行汇报。汇报的内容上，要比一年级详细、生动。

三年级依然是以短周期的实践活动为主题，可多采用实物制作的展示方式，通过讲述、表演的形式，展示小组的研究成果，用较为详细的话描述自己的活动体验，尝试对自己和同伴进行评价。

四年级学生已有一定的经验，可以初步尝试从多角度、多方面汇报小组研究成果。对研究结论用简报、手抄报等形式，发布较为详实的结论；描述活动体验，说出自己的感受，设计简单的评价表；对各组作出较为客观的评价。

五年级学生能力得到一定锻炼，探究热情较高，活动中运用的研究方法也更多，更专业。他们可以尝试撰写调查研究报告、观察研究报告、小实验研究报告等表达研究结果，利用多种形式展示小组研究过程，有重点地展示小组研究成果；尝试多种形式展示活动体验和感受；客观、公正地对各组进行评价，并提出自己的建议。

六年级可以采用答辩式方法，展示小组研究成果。这就要求人人要熟悉本组情况，答辩有理有据。撰写的调查研究报告、观察研究报告、小实验研究报告能区分出自己的观点和他人的观点；能生动讲述自己的活动体验和感受；评价客观，能提出有建设性意见，学会主动反思。

初中阶段，可以放手让学生自主设计、规划汇报展示的内容和形式，突出重点，体现出创意，有号召力。

总之，综合实践活动课程要求"关注过程，兼顾结果"。成果交流正是对主题活动的总结、反思、交流、评价、提升等。教师需要做好引导者、激励者和评价者的身份，促进学生的汇报展示走向深度。

第三篇
课程推进

读史使人明智，读诗使人灵秀，数学使人周密，科学使人深刻，伦理学使人庄重，逻辑修辞之学使人善辩。

——培根

第 26 问　如何培养低年级学生综合实践活动课程的意识？

低年级的学生年龄小，认知水平有限，知识体系单薄，但是他们有好奇心，具有强烈的探究欲望，对什么事都愿意积极去尝试与体验。教师在低年级的课程实施中，如果用三年级开展活动的方法，边讲理论边实践，估计他们听不懂。通过实践，用相同的活动流程是培养低年级学生具有课程意识的首要条件。应从以下几个方面进行指导：

一、规范经历课程实施的步骤。课程的实施步骤一般是主题确定、组建小组、制定方案、调查研究、中期指导、设计汇报方案、汇报展示前指导、汇报展示、学期评价。对于低年级的学生来说，有些方法需要降低标准，但必须让学生经历体系化的研究活动。

二、培养目标要有重点。结合一年级学生年龄特点，可以重点培养学生提出问题与解决问题的能力、简单完成一项小研究的能力和汇报能力等。二年级可以在一年级的基础上重点培养做一件事要有计划的能力等。这样不仅能阶梯性地发展学生的能力，还能与三年级的能力相衔接。

三、多开展短周期研究活动。低年级以短周期活动为主，通过多次活动的开展，形成自己的研究思维模式。比如，开展一节课能完成的小活动，或者几节课完成的小活动，既让学生保持了研究兴趣，又在每一次活动中提高学生的研究能力。

四、让家长协助活动。综合实践活动课程的开展必须得到家长的支持甚至是亲自参与、指导，这样能更利于活动有效地开展。尤其是低年级孩子，当研究活动需要在校外进行时，必须有家长的协助，才能在保障安全的基础上，使学生学有所获。

五、把学生熟悉的生活情境和感兴趣的事情作为活动的切入点。因人施教，是不变的哲理。根据低年级学生对自然现象、生活现象、人体建构等充满好奇心的特点，进行有趣的研究活动，不仅让学生解惑，而且又提高了学生的探究能力。

六、倡导各科教师具有研究意识。各科教师在落实学生学科素养的同时，将学科活动进行延展，以跨学科学习的方式，为学生提供更广阔的探究平台，从而提高学生的研究能力。

　　总之，低年级学生的课程实施经验，正在进行探索、论证与总结。只要以学生为本，避免灌输式学习，避免重方法轻过程，一定会让低年级学生的综合实践活动能力得到提高，让孩子们喜欢这门课程。

第 27 问　如何制定各阶段螺旋上升的能力发展目标？

　　郑州市金水区从 2001 年开始实施综合实践活动，2003 年实现常态化实施。通过十几年的实践，教研部门带领学校及教师总结了三至九年级学生在各个活动阶段的能力标准，并在专家的指导下，得以发表、推广与使用，为教师的课程实施提供了极有效的借鉴价值。

三至九年级能力发展标准的具体内容

指标	三年级	四年级	五年级	六年级	七至九年级
问题意识	1. 了解问题是研究的起点，知道发现问题的重要性。 2. 围绕主题，提出并简要表述感兴趣的问题。	1. 简单梳理提出的问题，并确定有研究价值的问题。 2. 能清楚地表述提出的问题。	1. 能从生活中提出有研究价值的问题，并归类。 2. 能准确表述提出的问题。	1. 能从生活中发现问题，确定可研究的活动主题。 2. 对研究的问题能进行延伸性拓展。	1. 能自主发现问题，分解、归类，并进行可研究性论证。 2. 确立主题，并能清晰地阐述。
分工合作	1. 初步了解合作的重要性。 2. 能根据活动内容，在教师带领下简单分工。	1. 明确成立活动小组的条件。 2. 根据活动内容，在组长带领下，根据特长简单分工。	1. 能够根据条件，快速成立活动小组。 2. 小组内，合理分工。在活动过程中，体验合作的快乐。	1. 课下根据活动需要自主成立小组。 2. 合理利用自己和他人的优势，分工合作，共同完成任务。	1. 毛遂自荐，竞选组长，乐意做负责人。 2. 自主创建小组文化，加强沟通交流，彼此促进，共同进步。
制定活动方案	1. 知道做事要有计划，明白方案的作用，了解活动方案要素。 2. 在教师指导下，填写活动方案表。	1. 小组列举活动目标，按时间顺序安排进程。 2. 在组长带领下，填写活动方案表。	1. 小组列举活动目标，确定研究任务，明确研究目的。 2. 根据活动需求，设计小组活动方案。	1. 独立列举活动目标，明确研究任务，提出主要目的。 2. 从时间、地点、事件、分工、任务等方面设计可行性方案。	1. 小组制定详细活动方案。 2. 小组主动探讨方案的可行性、完善方案，并对实施中的问题提出预测及解决预案。

续表

指标	三年级	四年级	五年级	六年级	七至九年级
观察	1. 学习看、尝、听、闻、触、想、比等基本观察方法，增强观察兴趣。 2. 学会按一定顺序观察事物，并填写简单的观察表。能抓住事物的主要特点，写观察主要特点，写观察日记。	1. 学会多角度观察事物，能在观察中提出问题。 2. 有自己的感受和认识，培养留心观察、乐于观察的习惯。	1. 能有目的、有计划、有选择的观察，培养观察能力。 2. 培养善于观察的能力，乐于观察、写观察笔记的习惯。	1. 灵活运用观察方法，善于从观察中发现问题。 2. 发展观察能力，坚持写观察日记，形成善于观察的习惯。	1. 自觉运用各种观察方法，提高观察的敏锐性、深刻性。 2. 全面发展观察能力，持之以恒发展良好的观察习惯。
访谈	1. 了解访谈的目的和意义。 2. 能够比较合理地确定访谈对象，并初步提出符合访谈内容的访谈问题。 3. 能尝试完成简单的访谈记录。	1. 明确访谈的重要性。 2. 合理确定采访对象，列出提纲；仿照模板制作访谈记录表。 3. 做简单的记录，并根据访谈情况，做出总结。	1. 小组内针对活动内容制定访谈计划。 2. 小组分工，完成访谈内容。 3. 做较详细的记录，整理能出有效的访谈总结。	1. 明确访谈目的，根据活动主题制定详细的访谈计划。 2. 详细记录访谈内容。 3. 总结出有效结论，并有自己的合理见解。	1. 能明确访谈对象及目的。 2. 确定组内分工，访谈形式，合作完成访谈任务。 3. 多种形式整理、展示访谈结果，并对访谈结果有一定的思考。

续表

指标	三年级	四年级	五年级	六年级	七至九年级
调查	1. 了解调查的作用和重要性。 2. 根据调查目的的设计简单的调查表。 3. 能根据调查表的内容，尝试进行简单调查。	1. 学习抽样调查法，尝试使用。 2. 小组分工，完成一项抽样调查。 3. 对调查进行简单的分析和总结。	1. 根据调查目的设计调查问卷。 2. 小组合作，完成简单的问卷调查。 3. 对调查结果进行分析和总结。	1. 根据活动内容和调查目的的选择恰当的调查方法。 2. 有效实施调查。 3. 撰写简单的调查报告，并进行反思。	1. 熟练掌握调查表的格式和内容。 2. 自主设计调查问卷，独立或合作完成。 3. 分析调查结果，并将文字结论转化为图表形式。
实验与操作	1. 能够尝试地提出猜想。 2. 尝试进行简单的小实验。	1. 有步骤地进行实验。 2. 简单记录实验过程与结果。	1. 比较严格地进行实验操作。 2. 对实验结果进行简单比较与分析。	1. 规范地进行实验操作。 2. 对实验结果比较分析，撰写实验报告。	1. 自主确定实验器材、实验步骤，熟练运用各科知识，独立完成实验。 2. 及时记录实验过程及结果，完成实验报告，对实验的结果有所思考。
设计与制作	1. 了解设计制作的目的和意义，初步培养制作兴趣。 2. 在教师指导下，能根据所给物品进行简单创作。 3. 展示制作物品。	1. 明确设计制作目的，提高制作兴趣。 2. 小组合作，进行一定的创新设计。 3. 注意作品的美观性、和谐性。	1. 具备一定的动手操作能力，乐于进行设计制作。 2. 独立或合作设计完成作品。 3. 作品有创意，制作精美。	1. 动手操作能力强，对设计制作过程有浓厚兴趣，乐在其中。 2. 独立完成有一定难度的作品。 3. 作品能体现某种价值。	1. 明确制作目标及材料，预见制作过程中的问题，能有效处理。 2. 自主确定制作步骤，独立完成。 3. 展示并介绍作（产）品。

续表

指标	三年级	四年级	五年级	六年级	七至九年级
整理资料	1. 能用一两种方式搜集与研究主题相关的资料。 2. 对资料进行阅读，学会标注研究结论。 3. 对研究结论能进行简单、准确的书面陈述。	1. 能用两种以上方式搜集到有用的资料。 2. 筛选、提炼、标注出研究结论。 3. 对研究结论能用简报、手抄报等形式，发布较翔实的结论。	1. 用上网、书籍、调查等三种以上形式搜集到资料。 2. 用资料卡的形式筛选、提炼、总结资料。 3. 得出翔实、准确的研究结论，并提出自己的观点。	1. 熟练掌握上网、书籍、调查等多种方式搜集资料的方法。 2. 掌握对资料进行汇总、提炼的方法，学会验证结论是否正确。 3. 用论文正式的形式对资料进行整理。	1. 能够借助档案袋、文件夹、优盘等工具，在活动中及时收集、保存各类资料。 2. 能够将各类文本资料进行分类、规整、制作成有封面、封底和正文的"书"或电子文档。 3. 能将资料制作成PPT形式，更好地展示。
撰写报告	1. 认识到总结的重要性。 2. 及时写出自己在活动中的感受。 3. 初步学会有条理地运用文字表述活动结果。	1. 初步学会总结与反思的方法。 2. 了解撰写调查报告、观察报告、实验报告等基本格式。 3. 尝试撰写简单的有自己观点的活动总结。	1. 学习引用资料，区分自己和他人的观点。 2. 及时与同学交流活动中的教师或同学交流活动中的感受。 3. 尝试撰写调查报告、小实验研究报告等。	1. 能在活动过程中自主地获取知识，并加以整理。 2. 学会合理引用资料，清楚地表达自己的观点。 3. 学会写调查报告、观察报告、小实验研究报告等，根据结果提出建议或解决策略。	1. 能熟练掌握各类报告的书写格式，如观察、调查、访谈、实验报告等。 2. 能自主独立地撰写各类报告，达到清晰、完整、详细地陈述活动过程。 3. 能对报告结果有一定的分析与思考。

续表

指标	三年级	四年级	五年级	六年级	七至九年级
展示交流	1. 初步了解不同的展示形式,详细了解的某种形式。2. 通过讲述表述的形式,展示小组的研究成果。3. 汇报展示研究的主题和研究结论。	1. 学会小组展示设计。2. 从多角度、多方面汇报小组研究成果。3. 能选择最恰当的形式,展示小组研究成果。	1. 能根据内容、分工、形式、用具、所需时间等,自主设计小组汇报方案。2. 能利用多种形式,展示小组研究过程。3. 能有重点地展示小组研究成果。	1. 能从多角度考虑汇报内容并充分发挥小组特色的前提下,设计汇报方案。2. 能用答辩式方法,展示小组研究成果。3. 每个人要熟悉本组情况,答辩有理有据。	1. 自荐产生发言人,发言人独立自主完成展示发言稿,并能清楚地阐述本组成果。2. 主动从其他组展示中悟到新知。3. 欣赏他人成果,主动记录感受,促进自我成长。
评价	1. 认识评价的重要性。2. 了解综合实践活动评价的几种基本方法:师生互评、组组互评、自我评价、家长评价等。3. 尝试对同伴、对自己进行评价。	1. 小组设计简单的评价表格。2. 对组员、小组在活动中的表现,做出较公正的评价。3. 成果展示时,评价表对各组做出较为客观的评价。	1. 根据活动内容,设计小组评价表。2. 对同伴、对自己进行客观、公正的评价。3. 对评价的结果与分析,能够提出自己的意见或建议。	1. 根据活动情况,对小组、个人做出较公正、客观的评价。2. 利用评价总结经验或教训,提出建设性意见,促进活动有效、有序开展。3. 学会主动反思,及时总结优势与不足。	1. 熟练掌握多种评价方式,恰当使用。2. 根据活动参与度及表现,做出较全面、客观的自评与组评。3. 能主动征求家长和教师意见、建议,主动记录各方评价,养成善于反思的习惯。

第 28 问　如何把握短周期活动和长周期活动？

经过多年的实践探索，短周期活动指实施的课时一般为 9～12 个课时，短的为 1～7 个课时，前者一般在三年级进行开展，后者一般使用于一、二年级。中长周期活动课时为 16～18 课时，根据学生年龄特点、课程的经历经验，一般在四年级以上年级实施。在五、六年级也会提倡学生自主进行小主题研究，一个学期可以开展两个短周期的项目式学习。

对于低年级学生，更适合 1～7 个课时。教师可以根据具体学情选定学生感兴趣的热点话题，开展短周期活动，使学生从中感知综合实践活动的内涵，并从中体验综合实践活动的过程和成功的喜悦。比如，低年级学生感兴趣的自然问题、生活问题、与动物相关的问题等。在课程实施中，注意和科学学科相结合，尝试一节课一个小主题研究，比如，"吹泡泡"。低年级一般采取"情景导入—引发问题—探究实践—得出结论—产生新问题"这样的模式，易懂、有趣，又适合低年级学生年龄特点。

短周期活动即 9 ～ 12 课时进行一个活动主题，此模式具有短、平、快的活动效果，能在较短的时间内通过一个活动主题的完成达到对学生综合素质的培养。短周期活动一般采用"观察—探究—实践—交流—延伸"模式。观察即对教师创设的情景进行了解和感悟，教师从教学需要出发，通过某种特定的方式，引入、制造或创设与主题内容相适应的具体场景或氛围，便于引起学生发现与主题相关的问题，帮助学生迅速而正确地了解主题内容的过程及结果。探究即主题研究，是在教师的指导下学生个人或者合作小组对选择的问题进行研究。实践即对探究成果进行学习与运用，实现"基于实践的学习"的活动要求。交流即成果分享与完善，学生对探究、实践成果进行交流和展示，达到分享与完善的目的。延伸是拓展延伸活动，是在活动的基础上一个应用和创新的拓展，可以由学生根据兴趣和特长选择拓展方向和深度。

长周期活动时间在两个月以上，遵循"创设情境、生成主题—制定方案、分组探究—亲身体验、实践操作—汇报交流、反馈评价—补充完善、拓展延伸"五个模块进行。每个模块具体的活动内容、时间、地点及结果，各学校和指导老师可根据自身情况灵活掌握。对于一个学期以上为周期的长周期活动，应对活动主题进行分解，形成较小的中、长周期。以"健康品饮毛尖茶"为例，有位教师就做了一个长周期的活动安排。

　　活动之初，指导教师带领学生进行调查。设计关于毛尖茶认知度的调查问卷，并收集整理相关数据。查阅相关文献资料了解毛尖茶，对所搜集的资料辨别其可行性，分类整理资料并汇报总结。老师带领学生探访农业大学的专家，了解毛尖茶的功效。为此先指导学生设计采访提纲，模仿采访现场，做到心中有数再进行实地采访，整理采访记录。最后，为了更加深入地了解茶叶，老师带领学生制定详细的活动方案，并依据此方案参观茶叶厂、了解茶叶种植、走访茶叶店、查看茶叶品级及价位、学习如何沏好毛尖茶和怎样品毛尖茶。这个主题活动涉及观察、采访、调查、文献、制作、实验操作、收集资料、实践体验等内容。活动环节完整、全面。试想这些孩子经历过这些过程，他们对毛尖茶的了解一定是突飞猛进的。这个案例是一个中长周期活动，历时两个月。

　　总之，在活动实施过程中，教师要根据自己学校及学生的生活实际、课程经历的经验，选定不同周期活动主题，并在活动实施中进行及时调整，或许有些短周期的活动因为学生的兴趣，可以延伸为长周期活动；也有可能预设的长周期活动因为学情不一样，在实施中活动被迫较快结束乃至取消。只有教师及时调控，深入了解学生的活动，才能得心应手把握或指导课程实施的步骤，最终达成有效成果。

第 29 问　调查活动中容易出现哪些问题？教师应如何给予指导？

在综合实践活动中经常会用到"调查"这个方法，但学生在调查的过程中经常会遇到各种情况，比如：时间不能合理确定、面对陌生人比较胆怯、经费等。根据多年的经验，针对这些问题，提出以下解决方法：

一、教师要引导学生预设活动困难。在学生进行综合实践活动调查时还需要到专业类的单位进行调查。可是，有些学生在门口不敢进去，或者这些单位不允许无关的人员随便出入，这些都是学生进行活动的"拦路虎"。教师需要提前引导学生预设活动中可能遇到的困难，并引导学生思考解决的办法，邀请家长帮助、求助学校老师帮助等。

二、小组提前筹措活动经费。学生外出调查、制作表格等都需要经费。那么，在活动中活动经费该由谁出呢？其实，综合实践活动是大家的活动，在活动中每个小组成员都是小主人，都应该积极地参与到活动之中。因为学生没有经济来源，可以与家长进行沟通，得到家长的大力支持。

三、小组成员根据时间组建调查小组。在现实生活中，许多家长望子成龙、望女成凤，因此在课余时间给孩子报了很多学习辅导班，这就造成在综合实践活动的小组调查中学生无法集中参加。还有一些学生家庭居住比较分散，集中起来非常困难。对于这些小组外出调查遇到的问题，教师指导学生采取"组内组""小小组"调查的方式，最后把资料进行汇总，这样效果更好。

方法是想出来的。作为教师，在指导学生进行调查的时候，要善于发现问题，带领学生群策群力想办法解决这些问题。

第 30 问　学生在结成小组过程中经常会遇到哪些问题，教师应该如何指导？

学生在小组合作过程中，经常会遇到一些问题，比如：任务不明确、各组研究进度不一致、个别成员不愿承担任务等，教师应深入参与到每一个小组，适时地组织小组进行有效交流。具体做法如下：

一、对不清楚任务的小组进行指导。在小组合作学习过程中，如果出现学生不明白或不记得学习目的和步骤、问题不能吸引学生的注意力、落实到个体不明确的情况，这时教师就要及时发现并提供必要的指导与帮助，以保障各小组的合作学习都能正常进行。

二、对合作交流中不协调的或遇到困难的小组要进行引导与帮助。小组成员在合作学习中，由于学生个体的已有基础、性格等因素的差异，在小组活动时难免有些不协调，也会出现小组讨论偏离主题或在细枝末节上争执的情况。如果教师能及时介入，根据具体情况，协调组内成员的关系，进行点拨，引导学生围绕主题进行研讨，就可以保障合作学习的顺利进行。

三、对小组成员落实自身职责情况进行监督。小组合作学习的显著特点就是在共同任务下的成员都有各自的职责。如果哪个成员没有肩负起自己的责任或完成得不好，都会影响小组整体的合作绩效。所以，教师在督促小组成员各尽其职外，还要在前期引导小组制定公约，制定每个人的承诺书，树立学生的责任意识。

四、对已经完成任务的小组进行检查、表扬与点拨。个别小组合作学习进行得较为顺利，率先完成任务。教师应对这样的小组合作学习成果进行检查，如果他们的想法是正确的，就要及时表扬，并引导他们整理小组的探究过程和结果，在全班交流，以起到榜样作用。

总之，学生在小组合作学习的过程中，离不开老师的引导，这种引导一定要适时、适度、有效。

第 31 问　如何指导学生分享收获感悟？

　　活动分享阶段是促进学生成长、总结经验、吸取教训、增长智慧的阶段，也是互促互进的阶段，更是情感交流深化的阶段。在这一阶段，如何指导学生进行真实、深度、有价值的分享与交流就显得尤为重要。结合多年经验，提出以下几个策略：

　　一、引导学生分享得意之处。引导学生将活动中的成功之处、得意之处进行分享，让学生享受到活动的愉悦，激发学生的研究欲望，树立学生的自信心，这是智慧的碰撞，情感的升华，更是同伴间的相互促进。

　　二、引导学生分享困难。问题即课题，可见问题的重要性。教师要指导学生分享在活动出现的问题。比如，小组合作中有人不会统计、社会人员不配合、小组成员意见不一致等。有问题，才有办法，办法就是经验。这些克服困难的经历就是学生得以成长的地方，也是课程的实施意义所在。

三、引导学生分享失败之处。学生在汇报时总把最成功的、最得意的进行展示，而对活动过程中遇到的困难、遭受的失败则会刻意回避。其实，正是活动中的酸甜苦辣，才能引起共鸣，也是最有价值的。教师要善于抓住与了解学生失败的地方，进行"剖析"，寻找策略，提升智慧。

总之，教师只有从得意之处、困难之处、失败之处对学生进行引导，将成功之处发扬，将不足之处吸取经验，才能实现分享与交流的活动价值。

第 32 问　如何将学生喜欢的"淘宝节"提升到课程实施的层面？

校园"淘宝节"是孩子们特别喜欢的活动，可以享受自由购物的快感，享受自主挣钱的乐趣。但是，一个"淘宝节"活动如果仅仅是买卖东西，那就不能称之为课程，顶多算个活动。如何将孩子们喜欢的"淘宝节"提升到课程实施的层面，经历更为丰富呢？应将活动进行课程化设计与实施，进行多学科整合是最有效的途径。具体思路如下：

一、确定课程目标，促进活动有效开展。有目标才有方向，为了使课程能够有效开展，学校需要制定活动目标。如通过交易，让学生初步感受市场经济，学会推销、购买商品，设计促销标语、广告、海报等，体验认识相关的职业，感受工匠精神，增强团队意识，培养和提高合作、动手、交流、创造等能力。在活动中展示较好的行为素养，体现文明、诚信、从容、坚持、和谐的品质修养和经商道德修养。

二、精心安排活动内容，促进课程深度开展。为了规范、有序、有效地开展课程，不仅要发挥教师的课程设计与实施能力，发展学生的学科综合应用能力，课程内容更要从学生、教师两个层面进行精心设计与布置，以保障各项活动得以有效、有序实施。

首先，帮助学生明确活动的意义。教师要让学生明白，商业不是简单的摆摊儿，等待顾客上门，而是要高效地销售自己的产品。促销方法有很多，例如：数据搜集、前期宣传、优质服务、售后保障等。

其次，多学科教师共同参与活动的设计与实施。学校邀请语文、数学、英语、美术等学科教师参与活动设计、规划与指导。语文老师指导学生学会使用礼貌用语进行售卖和设计广告语；数学老师指导一部分学生设计售卖清单和计算利润，指导其他学生设计购物清单；英语老师可以指导学生设计英语宣传语；美术老师重点指导学生设计宣传海报；综合实践活动老师指导学生设计营业执照、组建工商管理小组、市场卫生监督小组、售后投诉处理小组，以及活动后的数据分析。

最后，引导学生及时总结与反思。活动结束，但课程不能就此结束，要组织学生分析活动中的利弊得失，让学生能够在活动中进行总结反思，为下一次的活动积淀经验，完善思路。班级及学校要对学生的活动进行评价，并评出最有创意的设计、最优秀团队、最热销的商品等，让评价促进学生的发展，肯定学生的付出。

三、根据活动经验，提炼课程流程。提炼实施流程才能进一步促进课程的顺利开展，实施步骤可设计为：调查访谈，了解校园商业需求—搜集商家经营方式，制定销售方案—制作优惠卡片，开展前期商业宣传—整理多余物品，校园"创客易物"—活动评价与总结—爱心捐款，正能量传递—进行课程内涵提升。

四、深耕课程内涵，打造课程品牌。为了打造课程品牌，某校的课程名字以"从商，我们是认真的！"将课程提升到了一个高思维阶段发展的空间，体现的是"从商"，即职业的深度体验，职业的匠心精神。学校根据现实生活情境，还设置了服务台、315投诉台、质量监督部、抽奖台等服务保障类部门，不仅体现出从商需要认真，还体现出举行活动的组织方也是认真的。由此可见，课程的内涵需要深度发掘，需要联系生活实际，而不单纯是模仿，而是学生深度的真实情境下的体验与发展。

其实，每个学校基本上都会开展"淘宝节"，而将"淘宝节"进行课程化实施，制定内容丰富的目标，设置学生要经历的课程内容，制定活动评比方案，会带给学生更多的体验，发展学生更多的能力和思维方式，提高学生的跨学科综合应用能力和书本外专业知识的开阔与积累。

第 33 问　如何在小学数学中开展项目学习？

项目学习是学生从真实情景中的驱动性问题出发，通过自主探究、制订计划、实践研究、分析整理、合作交流及运用多种资源与工具等方式解决实际而复杂的问题，最终形成学习成果，运用到实际生活中的学习方式。

项目学习的实施基于国家课程标准，根植于课堂教学，同时又指向课程的结构化、学校的组织化的变革，对基础教育阶段深化课程改革，落实学生核心素养的发展具有重要意义和价值。以小学数学学科课堂教学实践为例，我们一般采用三种方式开展学科项目化学习。

一、"自上而下"式学科化项目学习。基于数学课程标准中提出的核心概念或关键能力，从关于知识的问题提出到挑战性问题的解决，以及最后成果和评价的指向，体现出对学科本质的理解。使学生在合作、探究的问题解决过程中，提高沟通交流、创造性、批判性思维的能力。按照《国家课程标准》，结合教材内容，根据学科中的核心概念、关键能力，可以开发与实施数学学科中涉及周长计算的项目，如"边框""起跑线的秘密"、数学比例和比例尺相关知识的"院落故事""未来校园 3D 模型制作"等。

二、"自下而上"式学科项目化学习。基于学生在生活中遇到的真实问题，师生团队经过设计后，制定出围绕核心概念的驱动性任务，学生从真实情景中的驱动性问题出发，通过自主探究、制订计划、实践研究、分析整理、合作交流及运用多种资源与工具等方式解决实际而复杂的问题，完成挑战性的任务，并将之运用到实际生活中的学习方式。比如，"桥"的项目中，学生通过三角形的稳定性，进行了桥的模型设计，理解生活中桥的设计原理。"戏剧社"项目学习中，学生发现存在的问题，利用测量、比例、计算等相关内容和能力进行改造设计，方案通过后，用于学校功能室的设计中。

三、建立项目评价量表。它就像指引一个项目的"北极星"，在项目实施之初的呈现有助于帮助学生瞄定进阶的目标，在实施中指引学生不断进行项目的修正和完善，学生可以通过评价量表来评估自己的工作。

学科项目化学习的实施有利于小学生的"合作能力""创新能力""应用意识"等核心素养的提升，引导教师对传统的课程设置和实施、课堂教学方式、师生关系等观念进行反思和变革。

第 34 问　如何结合低年级科学课主题，融合开发综合实践活动课程？

2017 年教育部颁布了《中小学综合实践活动课程指导纲要》，指出从小学一年级开始实施，平均每周不少于 1 课时；国家在 2017 年提出，从一年级开始开展科学课。

《小学科学课程标准》指出基本理念有以下几点：1. 为学生提供人人都能学的科学；2. 将科学知识、科学思想、科学方法、科学精神四个层面体现在课程内容中；3. 以生活中的科学为逻辑起点；4. 以科学探究为最重要的学习方式，具有开放性并提倡加强科学与其他学科之间的渗透与整合。综合实践活动课程内容体现人与自然、人与社会、人与自我，这三大领域都涉及科学问题、科学知识、科学精神、科学探究等。此外，科学课与综合实践活动课都注重"实践探究"这一学习方式，探究的过程都需要以真实的问题为探究点、经历小组活动、制订计划、开展探究活动、得出结论这几步实施步骤，两者的实施过程是一样的，理念是相通的。

由此可见，结合科学学科开展短周期的研究活动或者以一节课解决一个小主题探究活动，开展综合实践活动课程，优化课程内容，实现一年级孩子不断经历规范的综合实践活动很有必要。

在课程的融合过程中，需要处理好以下几个问题：

一、以综合实践活动课程的实施步骤详化探究过程。如一年级科学课"吹泡泡"这一主题，可以在原文本的基础上突出问题的产生，总结探究的方法，给予更充分的交流时间，就可以实现两者的充分融合，既让学生经历科学的研究、科学的方法、科学的探究，又培养了学生发现问题与解决问题的能力，形成一定的科学探究观。

二、补充综合实践活动的研究方法。科学课的研究方法重在实验、对比，综合实践活动课程的研究方法会根据不同的研究主题涉及统计、调查、采访、实地考察、制作、邀请专家等，教师需要根据科学课的主题与实施步骤，融入综合实践活动的具体研究方法指导，如邀请专家讲座、指导学生如何数据统计、如何制订小组计划等，突出综合实践活动特性。

三、将科学小主题内容进行二度开发。这种实施方式，需要教师从综合实践活动课程的角度将内容进行丰盈，如根据主题内容开展社会调查活动，让学生进一步消化和融会贯通学科知识与技能，从而进一步实现学生在调查活动中获得的调查体验、调查结果，增强学生的社会责任感，形成正确的人生观、价值观、世界观。

总之，一年级的学生对世界万物充满着好奇心，科学课和综合实践活动都基于学生的兴趣和爱好，激发其好奇心，以世界、自然中的问题为导向，让学生用科学的研究方法去探究，获得科学的结论。在这个过程中，科学课侧重于科学能力、科学方法、科学精神，而综合实践活动课程不仅要培养学生的这些方面，更关注学生的跨学科学习的综合能力。因此，两者的相融合，需要综合实践活动和科学教师共同完成。这样的方式，这样才能有效地发展与创新。

第 35 问　如何开展以传统文化为载体的跨学科学习？

　　《普通高中语文课程标准（实验）》提出语文学习要体现科学与人文相整合的课程文化观。中国文化是形成中华民族凝聚力的坚实基础，通过以《诗经》为载体，开展跨学科学习方式，对于学生理解《诗经》内容，品读精典，提高学习兴趣，提升语文综合素养有着重要的意义。如何以《诗经》为载体，将中华优秀传统文化与现代化美丽校园有机融合，与语文、历史、政治、音乐、美术等进行融合学习，实现融德、智、体、美、劳为一体的文化育人目标。经过深入实践，有以下几种方法：

　　一、紧密结合教材，设计跨学科实施内容。《诗经》包含劳动与爱情、风俗与婚姻、祭祖与宴会等内容，涉及天象、地貌、动物、植物等方面，被誉为"周代社会生活的百科全书"。由此，可以激发学生产生问题，让学生带着问题，结合书本知识，在其他学科中找到链接，进行融合式跨学科学习。其可以和生物学相融合，《诗经》中涉及的植物丰富，据考证约有 150 种，教师可以结合校园内植物，认识植物特点，观察四节变化，以物壮志，领悟《诗经》里抒发的情感。与历史学科融合，学习探究诸侯封国的历史，了解古代都城的遗址，探究这一时期弭兵会盟历史及其和平思想。与地理学科融合，解读《诗经》时代中原地区相关文化，探究《诗经》中记载的著名河流，感受描写的美好生态环境，领悟先民们与自然的和谐相处之道等。

二、开展研学活动，深度感知《诗经》文化。《诗经》中涉及的主要地域在河南，将书本文化与实地探究相结合，能进一步促进学生理解其文化的厚重和源远流长，丰富语文综合素养。结合《诗经》中提到的星空，可以带领学生到天文馆，在专家的讲述中进行论证与身临其境。结合"蒹葭苍苍"等的涉及植物与二十四节气诗句，可以和学生一起踏着晨露，到黄河边零距离观看相关植物等。

三、引导学生当文化使者，促进其影响力。文化需要传承与发扬，每个人都有这样的责任与担当。在学习的基础上，引领学生以多种方式，以文字、讲解、演出等方式宣传《诗经》，推动"诗教"与河南地域文化的复兴，让更多的人研读《诗经》，感悟文字的精辟，培养人文素养。

四、注重学习过程，开展多样化评价活动。《诗经》作为传统文化的精华，不仅要求学生会背诵、能理解，更重要的是感受文字、写作方法与思想感情。在跨学科的学习中，学生经历更为丰富，将学生学习过程与成果进行展示、评价，将进一步促进学生的探究兴趣，设计海报、研究汉服、寻找配乐、制作成果PPT、小组汇报展示等活动环节，提高了学生综合素养。

　　结合语文教材，开发跨学科学习项目，尤其以传统文化为主的实践探究，不仅改变了单一枯燥的学习方式，让学生喜欢，还能助推国学的传承与影响力，触摸中国文字的底蕴与魅力。

第 36 问　开展物理学科的研究性学习活动应该体现哪些理念？

　　义务教育物理课程作为科学教育的组成部分，是以提高全体学生科学素养为目标的自然科学基础课程。研究性学习强调学生在教师的指导下，从自然现象、自我学习和生活中，选择和确定研究性学习课题，并在研究过程中主动获取知识、运用知识解决问题等。充分利用物理学科知识，开发与实施学生喜欢的研究性学习活动，可以进一步提高学生的科学素养和知识应用实践的能力。具体方法如下：

　　一、从生活走向物理，从物理走向社会。教师要激发并保持学生的学习兴趣，让学生通过学习和探索掌握物理学的基础知识与基本技能，并能将其运用于实践，为以后的学习、生活和工作打下基础。教师可以通过两个方面确定物理学科中产生的研究主题：学生生活中发现的科学问题和学科学习中遇到的科学问题。这些都是学生喜欢的，同时又基于生活和学科之间的密切联系。

二、提倡研究方法多样化，注重科学探究。物理课程是一门注重实验的自然科学基础课程。设计的研究性问题应注意让学生经历实验探究过程，学习科学知识和科学探究方法，并灵活运用观察、参观、访谈、查阅文献、实验探究等方法进行探究，提高分析问题和解决问题的能力。教师首先要结合两者的特点，精心设计研究方案。比如，按照逻辑顺序对多个小项目进行排列，确定每个小项目的目标、活动时间、内容、研究步骤、分工等。其次，要及时调整研究方案。在研究过程中按照既定的方案有计划地进行，有时也会在活动中根据实际情况进行调整。最重要的是要指导学生运用多种学科的研究方法进行探究活动，并最终得出严谨、科学、有说服力的结论。

三、以学生终身发展为本，提高学生的科学素养，为学生的学习与发展提供平等机会，关注学生的个体差异，使每个学生学习科学的潜能得到发展。比如，培养学生搜集资料的能力、实验设计与操作能力、分析与对比能力、学科预设与规划能力；培养学生不怕失败，持之以恒的精神；培养学生到相关场地进行调查与实践的能力等。

物理与生活息息相关，通过研究性学习或者项目式学习，将物理知识在主题活动中有趣化、生活化、重构化，是又一次知识与技能、情感态度与价值观的叠加。

第 37 问　如何在初中生物学科中发现和确定学生喜欢的研究性学习活动？

生物学科与生活联系紧密，在学习过程中学生会提出许多感兴趣的问题。如何将问题转化为课题，依托生物学科知识，开发学生感兴趣的研究性学习课题是很多教师关注的问题。可以从以下几个方面入手：

一、深入挖掘生活中的问题。我们在生活中会遇到一些问题，例如：如何保存水果、如何自制绿豆芽等。这些问题学生都非常感兴趣，而且可以利用已有的生物学科知识进行探究。因此可以将生活中的问题转化成研究性学习课题，并深入进行研究。

实验探究类的研究性学习是在设计实验方案的基础上，经过提出问题—作出假设—制订计划—实施计划—得出结论—表达交流六步骤来实施的。对于实施过程中出现的问题，应及时提出解决方案，并通过多次实验提高结论的可信度。

例如在探究保存水果的方法时，可以选取某种水果作为研究材料（如西瓜），引导学生设计实验探究方案，通过微生物菌落数检测的方法，探究不同保存条件下，西瓜表面的细菌菌落数，从而由实验数据得出结论。

二、深入挖掘生物教材中的资源。生物教材中有"与生物学有关的职业""科学·技术·社会"这样的专栏，这些专栏为研究性学习提供了丰富的素材，教师可以从这些方面入手，引导学生搜集相关材料，找到自己想要探究的问题，进行职业体验或者科学探究。例如，开展无土栽培技术的学习，可以从某种植物无土栽培的材料准备、栽培、观察入手，将栽培中遇到的问题作为研究的重点，从提出解决方案、实施验证和产生的效果三个方面进行研究。

三、深入挖掘社会热点问题。社会热点问题中有一些可以使用生物学知识来解决，比如添加剂对绿豆芽生长的影响、叶脉书签的设计与制作、鲜花手机壳的设计与制作等。其中叶脉书签的设计与制作，可以引导学生采用化学试剂脱去叶肉部分，然后对叶脉书签进行二次创作，设计出自己心仪的作品。

社会热点问题作为研究性学习的课题，学生通过动手设计、动手制作、深入研究，可以体验解决问题的过程，获得设计与制作的技能，进而获得成功的体验。

总之，生活中还有许多与生物相关的问题可以探究。只要用心观察，找到学生的兴趣点，就可以将其转变为学生喜欢的研究性学习活动。

第 38 问　如何借助信息技术学科优势开发学生喜欢的课程?

　　如何将信息技术的知识与技能结合学生的实际生活进行融合,将单一的学科技能学习向学生喜欢的课程转变,是值得探究的。某初中经过三年的实践探究,将信息技术学科优势进行整合,开发了学生喜欢的"校园拍客"这一课程,这一课程不仅深受学生欢迎,而且还打造成了学校的品牌课程。具体实施思路如下:

　　一、基于学生的生活,回归学生的真实世界。课程内容的产生,要与学生日常学习和生活经验紧密结合,这样才能引发学生参与探究的兴趣。当抖音、微信、美篇、美颜相机等这些 App 无处不在时,说明信息技术正在发生着翻天覆地的变化,数字化、信息化时代改变着每个人的生活。初中生正处于经常使用手机的年龄,同时也是很有思想和创新意识的年龄阶段。七年级学生对初中校园生活充满着好奇和探索欲望，基于以上原因，学校在七年级开设了"校园拍客"，将信息技术学科与语文、美术、音乐融合在一起，实现了单一学科走向跨学科的课程实践。鼓励学生将所学的信息技术知识和技能积极应用到学习和真实生活中，在学习中实践，在实践中学习，在学习中融合。

二、运用信息技术手段完成各种探究任务，实现知识与能力、情感态度与价值观的多重发展。教师在实施过程中，可以把信息技术作为获取信息、探索问题、合作学习、解决问题、建构知识的工具。利用计算机来设计与编排，而不是单纯学习计算机知识，从而实现信息技术知识与学生动手能力相融合，并在设计中经历编剧本、拍摄、表演、选场地等多重体验。如："校园拍客"课程的"视频剪辑"需要用到视频剪辑软件，剧本需要进行设计、人物情感需要琢磨、每一个镜头需要串联等，学生在实践过程中发生着自然而然的成长和变化。

三、为学生搭建成果交流的平台，打造课程品牌文化。成果分享是研究性学习不可或缺的环节，是创客精神的体现。通过成果分享，不仅能使亲身参与研究的学生产生荣誉感，还对其他观看成果的同学产生积极的影响，以此促进成果的提升应用。如"校园拍客"课程的学生影视作品，不仅要在班内进行展示，还要在网络平台上进行展示投票，并在全校范围内进行学生的自主投票。最终学校开展"校园奥斯卡拍客颁奖晚会"，对获奖作品进行回放和颁奖，产生课程实施的影响力，同时也激发了更多的学生参与到这门课程中来。

总之，课程是由多个活动组成的，活动之间是有联系的。将信息技术学科单一的技能类学习走向生活、应用于生活、发现于生活和感悟于生活，就实现了课程整合实施的意义。

第 39 问　如何充分利用历史学科的特征，开发与实施研学活动？

　　历史学科最主要的一个特点就是"时空观念"，指历史的时序观念和地理观念。因为，任何历史事物都是在特定的、具体的历史时间和空间条件下发生的。只有将史事置于历史进程的时空框架当中，才能显示出它们存在的意义。历史学科的另外一个特点，则是历史学科中的"史料实证"，这是认识历史的必备方法，即通过搜集资料、实地考察、实证，论证等，以研究留存至今的文物、古迹、遗址等史料，还原历史真相。因此，通过研学活动，让学生带着任务，有目标、有规划地开展一系列探究活动，将形成正确的历史观和价值观，从而提升学生学习历史的兴趣，培养学生的综合素养非常有必要。具体实施建议如下：

　　一、在选择研学资源时，一定要坚持真实的古迹、遗址、文物资源优先原则。历史教学现在面临的重要问题之一，就是一些粗制滥造的历史题材影视剧，或者社会上流传的一些传说、故事等对学生的错误影响。它们将观众、特别是学生的历史认识带入混乱、错位之中，需要我们在历史教学中不停地扭转。在历史学习中，认识历史最重要的第一手资料，应该来自历史长河中沉积至今的古迹、文物和遗址等。因此，在研学设计时，一定要优先选择那些能够帮助我们认识客观历史的资源，通过"史料实证"帮助学生树立正确的历史认知理念。

例如，教师在设计学生对郑州商城历史认知的研学之旅时，重点选择了商城城墙的考古剖面，带领学生走的不是所谓的商城文化复原街区和经过加工的商代生活复原场景，而是光秃秃的城墙，让学生在行走、触摸、质疑中，了解大约3600年前，我们的先人在生产力极其落后的情况下，修筑起如此壮观的城市，是何其的伟大。

二、在设计研学路线时，一定要充分考虑历史时序和历史地理观念。仅凭研究目的的距离或交通工具方便与否，就设计研学线路，是无法真正让学生认识到历史文物、古迹与遗址的价值的，更无法真正树立起正确的时空观念。按照历史发展的规律和顺序，才能充分体现历史时序性的特点，让学生认识到历史发展的轨迹。

例如在认识郑州历史的研学过程中，教师曾组织学生先到位于郑州人民广场的商代亳都内城墙遗址剖面保护区，请同学们观察其中的历史剖面；然后又带领学生来到位于郑州市文庙历代建筑基座展示区，请同学们观察其中的基座构成特点。在两者对比分析后，许多同学真正明白了地层的历史分布规律，即更早的历史遗址一般是被后来的历史遗址所覆盖，个别地方会出现后来的历史遗址完全破坏了更早历史遗址的状况。这样的研学活动，不仅加深了学生对历史学习规律的认识，也同时加强了学生的文物保护意识。

三、在设计研学活动时，一定要结合历史学习中的学情。研学旅行的主要参与者是学生。不同年龄、不同学段的学生所学的历史课程各有不同，因此一定要把研学的活动设计和学生的学段与年龄特点有机结合，而不要为了追求形式上的热闹而研学。例如，有些学校为了化解安全责任，减轻教师们的工作量，就组织各个学段的学生一起，在同一时间走出校门，完成同样的研学任务和路线。这样的研学活动，看似十分壮观，但是很难真正实现让不同学段的学生都能研中学，并有所收获。

如我校设计学生对郑州历史的研学行动时，七年级主要进行大河村遗址博物馆、商城遗址、城隍庙与文庙等地研学活动。这主要与七年级学生所学的中国古代历史中的远古先民生活、商代历史和两汉历史等相关，让他们在研学过程中验证了许多教材的知识内容，同时发现了许多教材没有的历史知识，更加丰富完善了学生对历史的认知。八年级主要进行郑州二七纪念馆、郑州北伐烈士陵园、郑州记忆博物馆等地研学活动，这又与学生八年级所学的中国近现代历史密切相关，让历史更加真实地呈现在学生面前，让他们对历史的学习有了更直观的认识，从而让"时空观念"和"史料实证"真正扎根在学生的认识之中。

因此，历史学科的学习要充分利用文物、古迹、遗址以及文物保护的各类场馆，开发与实施彰显历史学科特点的研学活动。在研中学，在学中研，是激发学生对历史的学习兴趣，提升学生的学习能力，充分凸显历史学科的思想性、人文性、基础性、综合性教育特点的重要途径。

第 40 问　如何充分利用地理学科的特征开发与实施研学活动？

古代的读书人都追求"读万卷书，行万里路"的学习理念，其目的是搭建认识与经验之间的联系，让自己的学习更加深入和持久。当前研学旅行得到了国家、省、地市各级教育研究部门的关注和支持，这是地理教师开展研学活动设计和实施的有利政策支持。结合初中地理学科相关的主题内容，开发与实施研学项目，可以有效地开阔学生的视野、提高学生的探究能力、锻炼学生跨学科学习的综合和整合能力。

第一，初中地理的研学活动应该根据各个学段的学习内容，设计综合性研学活动。尽可能开展"一条线、多主题、深探究"的研学旅行活动。比如七年级上册地理涉及地球地图、大洲大洋、海洋陆地等学习内容，教师就设计了"嵩山天文地质研学活动"，在嵩山地质博物馆开展研究活动，从会说话的石头到探究嵩山地区沧海桑田的变化；在登封观星台开展古人观测日影活动的探究，让学生深入地理解地球运动给人类带来的变化、我国古人如何记录时间、划分节气等。嵩山国家地质博物馆和观星台都在登封，驱车 30 分钟，实现了"一条线，多主题、深探究"的研学活动。这样的研学既有综合性的实践活动主题，又能节约时间提高效率，在某一区域设计多个研学主题，让研学活动更加综合、多样。

第二，为使研学活动高质量、有成效，设计研学活动时应该注重以下几个方面。

首先，和国家课程标准、课堂学习紧密结合。实现符合课标内容精神、显示场景的研学才是最有价值的研学选择。线路和研学主题应整合初中不同学段、不同学习主题，在全国甄选合适的研学地点，设计研学主题，确定最合适的研学点和研学线路、研学场所。

其次，研学主题应多设计体验性、探究性内容。如我们在登封观星台，就让学生实地观测日影，学习古人用立竿见影的方法来确定方向。研学旅行的关键是学中有研。"研"包括实验、分析、探究、归纳、总结等。"学"包括老师或其他专业人士的讲解、展示等。研学活动要符合学生好奇心强、探究欲望强的特点，多设计体验性的实践活动，这既能增加学生参与的积极性，也能让研学真正影响学生的认知，丰富学生研学的成果。

再次，在研学中要注意研究性学习成果的搜集和整理。

研学旅行不同于平时的旅行，也不同于平时的学习。学生既有体验活动，又有多样化的成果，才利于研究性活动更好地发挥示范引领和带动作用。例如我们在嵩山地区的地质考察、天文观测，成果有新闻报道、美篇、手抄报、学习报告等。

最后，研究性学习要关注场景式的"情境探究"。比如我们在殷墟设计了占卜与甲骨文。通过情景剧，让学生深入理解古人在重大事情上如何进行决策。通过观察古人用的玉器、石器，以及其他生活物资，让学生寻找当时气候特征、环境特点的证据。最后举行小型研讨会，研讨会上让学生分享自己的研究成果。

总之，地理研学活动的设计是对地理教师综合素养、活动设计、学术研究的新要求。地理研学活动的开展也是对学生研究性学习活动的必然要求。研学活动要整合语文、历史、天文、水文、政治、军事等多学科知识，让学生的学习更加深入、更加丰富、更加多彩。

第 41 问　如何打破学科壁垒，开展 STEAM 课程？

STEAM 教育理念最先来自美国，包括科学、工程、艺术、技术、数学以及计算机、科学等学科教育。概括为以数学（M）为基础，通过工程（E）和艺术（A）来解读科学（S）和技术（T）。倡导跨学科学习方式，以项目学习、问题解决为导向的课程组织方式，它将科学、技术、工程、数字有机地融为一体，有利于学生创新能力的培养。

可见，STEAM 教育不是单一学科的教育，而是基于科学、技术、工程、数字、艺术、信息技术学科的融合教育，并且这几个学科在一个项目的学习中不可缺少。那么，如何打破学科壁垒，开展 STEAM 课程教学呢？

一、深刻认识 STEAM 课程的特点。认识到 STEAM 课程与综合实践活动课程中的考察探究活动方式有相同之处，都是基于问题的研究，从而通过多种方式解决问题，学生在探究活动中都要经历跨学科的学习或者各科知识与技能的综合应用。

STEAM 课程，明确提出要融入科学、技术、工程、数字、艺术，考察探究活动并没有明确非要体现以上要素，但实际上学生的某些考察探究活动是有科学、技术、工程、数字、艺术等内容的融入。某小学开设的"桥"，以支柱型课程为特点，结合学校特色，通过学习进阶逐步递增学习侧重点和难易程度，从而将各年级课程串成一条线，组建学习进阶、学生不同发展能力的课程群。一、二年级开展的"走桥"活动，主要让学生观察自己曾经走过的一座桥的结构，有的通过了解桥周边的生态，介绍桥周边的动、植物，然后用不同形式进行记录；有的通过撕纸剪贴画进行创作；有的用一首小诗、几句儿歌来描述。在三、四年级开展"量桥"活动，学生搜集相关数据，如桥的长度、高度、跨度等，用相机、摄像机记录桥周边的生态，制作 PPT，讲述自己的发现，创编一个有关桥的游戏或搭建桥的模型。五、六年级则开展"发现桥—拥有桥"的活动。学生基于对桥基本概念的把握，深入探索桥的历史和文化蕴意，桥的规划、勘察、设计、施工、维护、寿命等多方面专业知识。这个活动不仅是考察探究类活动，也是 STEAM 课程。但并不是所有的考察探究类活动都是 STEAM 课程。创客课程重在突出信息技术的融合、创造，不同于 STEAM 课程，但创客课程却是促进 STEAM 课程深度开展的基础。

二、由单一学科走向 STEAM 课程。作为一名信息技术学科教师在深入理解其特征和价值后，就可以在学科实施中发现某一个知识点、技能点、活动点，进行延伸开发成 STEAM 课程。比如，某校开展的"'戏剧社'教育空间设计"，就是基于数学学科的空间、职业体验类主题活动等融合的 STEAM 课程，关注工程设计。学生作为"设计师"，根据演员、观众的实际需求，进行真实学习，提供学校"戏剧社"空间改造的设计方案，并以三维软件效果图和实体模型来呈现学习结果。项目的实施和评价也是基于各学科课程标准细化分解后进行的，涵盖了数学、科学、美术、语文、英语、信息技术等多个学科。学生通过项目学习从约束条件、迭代、多方案的比较与权衡、优化模型和试验等方面了解工程设计所涉及的各个环节，促使学生高阶思维的养成。

三、变革学生的学习方式。创客课程、社会实践、综合实践活动、项目式学习、STEAM 等都是一种学习方式，但是这种学习方式不是原来的"死记硬背""满堂灌""说教式"，而是学生在真实情景下发生的跨学科学习的过程，倡导学生自主探究、合作、体验、反思，可以是失败的，也可以是成功的。比如，我们经常提到的实践性学习、综合性学习、表现性学习、应用式学习等，都重在学生的参与、体验、感悟，体验过程是重要的，提升学生解决问题的思维能力也是重要的，引发学生真实的感悟更是重要。比如，在进行桥梁承重的设计过程中，要允许学生失败，教师要接受这种失败。这种失败不会让学生的学习出局，而是再次引发学生的思考与探究，并重新进行设计和构建，在一次次的验证中最终得出可行的、科学的结论。

四、重新审视教师的角色。教师要将课堂的自主权交还给学生，让学生成为学习的主体。遇到困难时教师不是立刻提供帮助，而是鼓励学生思考，给予学生充分的鼓励、机会与肯定，给提供学生充分的时间与空间进行探究。比如，当学生遇到难题，教师可以询问"你进行了什么尝试？你还能试着做什么呢？你觉得为什么会出现这样的情况？"帮助学生对出现问题的推理和分析，并寻找原因，再次进行尝试和探究。教师是学生活动的指导者、协助者、合作者、评价者、促进者等多种角色的体现，促进着学生的活动向深度发展并取得成效。

总之，STEAM 课程促进了中国学生在工程、技术、科学方面的发展能力，让学生在规范科学、高标准的专业领域里得以成长，体验工程技术带给身心的乐趣。

第 42 问　如何加强劳动教育在综合实践活动课程中的实施？

综合实践活动课程中"设计制作""职业体验"等活动方式，与劳动教育中的生产劳动、服务性劳动紧密相连。因此，综合实践活动课程与劳动教育课程的相整合，可以实现相辅相成，彼此优化。实施策略有以下建议：

一、强化实施理念，将零散的、不成体系的活动转化为课程。《关于全面加强新时代大中小学劳动教育的意见》中提到："整体优化学校课程设置，将劳动教育纳入中小学国家课程方案和职业院校、普通高等学校人才培养方案，形成具有综合性、实践性、开发性、针对性的劳动教育课程体系。"可见，劳动教育不是一个的单独存在活动，而是由多个成体系的活动形成的一门课程。学校只有将已有的和未来想做的劳动活动，以综合实践活动课程实施的理念，进行整体规划和统筹，才能实现规范、有效地实施、管理与评价。某校自

2016年建校起，就充分利用空地开展劳动教育，构建了"知行苑"课程，对农事劳作课程、劳动创意课程、快乐生活课程三大模块进行了规划，每个版块开发了四类课程，按照季节设置内容，进行了系统化、一体化的顶层设计。课程内容不仅有播种、认识蔬菜、秋收、品尝美食，还融入班级劳动成果展示、义卖会、献爱心等活动，将课程堆向深处，促进了学校特色课程品牌的形成。

二、强化实施方式，将单一的活动转化为"项目式学习"。布卢姆提出"知道、理解、运用、分析、综合、评价"六个认知层次，也是思维由低级到高级发展的层阶。可见，在劳动中发展学生的高阶思维也非常重要。田园劳作、日常家务劳动、学校大扫除、社区服务等活动，让学生觉得比较单一枯燥，不能保持兴趣持久。因此，教师需要转变方式，通过"项目式学习"，融合综合实践活动课程的具体步骤，把学生的低级思维引向高级思维。金水区在2020年疫情期间，提出"以项目式学习方式 开展不一样的劳动教育"理念，让学生在家长的协助下，一起开展蒸馒头、做一道豫菜、整理衣物等项目式学习，让学生带着好奇与问题研究，亲身实践，克服困难去完成任务，并自我评价。以"项目式学习"开展劳动教育，不仅让学生的劳动过程有趣化、丰富化，更能发展学生科学的劳动思维方式。

三、强化实施模式，从学校单线实施转向平台综合化。

目前，由于安全原因、班级人数较多等问题，综合实践活动课程、劳动教育大多在学校开展，缺乏课程实施的广度和宽度。因此，拓宽教育途径，整合社会、家庭、学校各方面的资源与力量，才能形成协同育人格局。金水区将"家乡特长—枣"作为区域特色课程，每一届五年级学生都需要带着与大枣有关的问题，搜集与整理资料，并到"好想你"产业园进行研究、参观、访问，了解枣的种类、生产过程、收藏方法、品牌 Logo 设计，体验摘枣、设计包装、我为家乡特产做代言等一系列活动，实现了研学、研究、劳动、技术为一体的课程目标。让学生走出教室，大力整合社会资源，为学生提供了更为广阔的实践平台，实现了课程的规范化、系统化、多样化和综合化的育人格局。

　　加强劳动教育课程在综合实践活动课程中的实施，不仅可以优化课程结构，更能实现立德树人、五育融合、全面育人的价值。

第四篇
课程评价

人像树木一样，要使他们尽量长上去，不能勉强都长得一样高。

——陶行知

第43问　综合实践活动课程和其他学科的评价一样吗？它的独特性体现在哪些方面？

　　综合实践活动课程在设计上突破了传统的学科知识体系，采取了大主题、长周期、慢节奏、重过程的教学原则，使学生有更多的选择机会，而且综合实践活动课程强调的是学生在实践活动过程中的直接体验，由于学生的个性差异以及本身的实际情况不同，其所体验到的内容也就不同。因而，传统学科课程的评价方式并不适用于综合实践活动课程的评价。综合实践活动评价的价值体现在以下几点：

　　一、评价要素丰富性。综合实践活动课程倡导学生带着问题去研究，引导学生在自主发现问题、解决问题的学习过程中，想问、敢问、会问、善问，培养学生的问题意识。它强调学生亲身参与探索性实践活动并获得感悟和体验。因此，评价要素比较丰富，我们可以设计与评价学生在研究活动中的参与态度、探究能力、合作能力、汇报展示能力、创新成果等，突出综合实践活动课程的学习特征。

二、评价主体多元化。综合实践活动课程的开放性特点决定了其实施的场所多、空间广，活动不限于学校，还延伸到家庭、社会。因此，评价的主体也要多元化，评价者可以是教师，可以是学生，可以是家长，也可以是社区或有关部门的负责人等。

三、评价内容突出探究活动。综合实践活动课程和其他学科最大的区别之一在于学生在综合实践活动课程中一直处于真实情境下的体验与探究中，虽然也有学习方法的获得，但活动中的体验和感悟超越于死学硬背的知识和方法。因此，综合实践活动课程的评价内容突出学生探究活动参与的过程与成果。比如，能够完成调查任务、合作中能表达谏言、能够解决问题、获得了科学严谨的研究结论等。

四、评价形式多样化。学生的研究活动是系列性的，教师可以对学生的研究报告、活动感受、调查视频、问卷分析、展示活动、答辩情况等方面进行评价，学生的展示形式由此可以是文本，也可以是视频、抖音等。这样的评价才能全面深刻。

五、评价结果体现过程与终结性评价相结合。只有过程性评价和终结性评价相结合，才能客观、公正地评价学生的活动研究情况。过程性评价我们可以从学具准备、课堂参与态度、实践活动、小组合作四个维度进行，做到自评、互评、教师评相结合。而终结性评价可以从小组展示汇报、档案袋两个方面综合鉴定。。

总之，综合实践活动课程的评价更加符合学生的成长规律，更加贴近学生的成长需要，对于学生发展的引导和支持也更加有效。学生会从不同的评价内容中不断地发现自己的优势和不足，从而提高自己的综合能力，体现自己的价值。

第 44 问　如何评价小组合作学习的有效性？

　　小组合作是综合实践活动课程实施中经常采用的学习方式，也是课程改革提倡的学习方式，目的是培养学生自主探究的能力。在活动中教师会经常听到小组成员不和谐、有人不配合等问题。为了杜绝此类事情的发生，教师可以采用多种评价方式，提高学生合作的积极性，做到有效合作。具体如下：

　　一、观察评价，分组情况是否合理。为保证小组的有效合作，发挥集体的作用，教师首先要对由学生自主成立的小组，在人员构成、小组人数、分组方法等方面进行观察评价，看分组情况是否合理，为下一步的合作学习打下良好的基础。

　　二、交流评价，小组成员是否团结。小组成立后，每个小组都会制定小组公约，每个学生都要签订协议，这样既可以对成员的行为进行约束，也可以让本组成员明白自己的义务与责任。这时，老师就要经常与学生交流，了解组内成员对公约的履行情况，为小组顺利合作创造条件。

三、讨论评价，发挥组长主动性。探究活动分课内与课外两种方式，可由小组长负责召集、组织、评价。遇到困难时，小组共同讨论解决；活动取得进展时，小组成员要分享成果、畅谈体验；当活动某一步骤结束时，成员要汇总活动成果，进行资料加工整理；有新的问题，小组讨论怎样拓展。教师要引导小组长捕捉这些难得的时刻，开展讨论交流，对个体进行评价。

四、组间互评，同伴是否良性竞争。在综合实践活动课的实施过程中，小组间的相互评价自小组文化建设之初，就已悄然进行。小组间的评价贯穿活动始末，为活动小组形成良性的公平竞争奠定了基础。同时，促进了主题活动扎实、有序开展。在活动小组进行评价时，教师要更多地关注小组活动的内容、小组活动的团队合作、小组活动成员间分工等方面。有了这些关注点，小组评价就不至于缺失客观性、公平性。

五、及时评价，教师激励显神威。在上课或活动时，我们要对学生在参与小组的合作态度和行为表现方面进行及时评价。如学生主动帮助别人和寻求别人的帮助，认真倾听并能采纳好的意见，能平等对待同学等。另外，在批改作业时写一句赞美的话，在期末综合评价时，要把合作精神纳入测评项目中。充分肯定学生的进步，树立他们的自信心。

　　总之，小组合作学习的评价还有许多，我们要充分发挥小组合作学习的优势，尽量避免合作学习中的不利因素，以适时适当的评价推动小组合作学习，让它在活动中发挥出更大、更积极、更有效的作用。

第 45 问　如何通过评价课，培养学生自主评价能力？

综合实践活动课程实施以来，教学内容、教学方法发生了巨大改变，学生各方面的能力都在不断提升，学生对课程的需求也呈现出多元化。在课程实施过程中，我们发现实施有效评价不仅在教学中占重要地位，而且更是不可缺少。而课程中的评价，主体不仅仅是老师，还有学生。如何提高学生的评价能力，除了教师的口头评价导向、评价表的内容引领，教师还需要经常根据活动开展评价课。在评价课中可以这样培养学生的评价意识，提高其评价的思维能力。

一、让学生成为评价内容的设计者。教师要根据活动内容，引领学生研讨与归纳相对应的评价内容。设计制作类的成果评价和职业体验类的活动评价内容不完全一样，游戏设计和结合小组的活动参与评价内容也不一样。因此，教师要给学生自主权，根据他们的体验和认知确定评价的部分内容，教师再增添高一级层次的评价标准，以此制定出一个合理、科学的评价内容。

二、培养学生以发展为主的正确评价观。评价不是"一棒子打死"，也不是以分数为主。因此，要培养学生正确的评价观，以鼓励为主，平时表现为主，给予同伴发展的方向，肯定其优点，提出努力方向等。由此，在各种活动中，要培养学生的评价观，给自己、给他人一个客观的评价，而不是主观评价。

三、通过多样的评价方式提高学生的评价能力。评价的形式多样化、多元化，不仅可以进一步发展学生的学科评价能力，还能培养学生在生活中的评价能力。其一，同伴评、家长评、教师评，可以让学生形成对一个结果进行评价时，可以采取对方的意见；其二，以语言激励、小红花奖励、置换奖励、发奖状等形式，激发学生多重评价办法和思维的发展。这些自主的评价意识和素养的养成，必将潜移默化地影响到学生的生活中。

学生评价能力的培养和提高，不是一朝一夕的，是需要一个循序渐进的过程。只要教师有意识地培养学生的评价能力，放手让学生参与到评价的主体中，学生的自主评价能力就会得到不断的提高与养成。

第 46 问　如何使用互评方式，促使课堂活动有趣开展？

互评，就是学生之间相互评价的一种方式，也是培养学生协作能力和合作精神的重要途径。互评的过程，实质上是小组成员思想观念的碰撞、价值观相互协调和相互合作的过程。

如何提高学生倾听的兴趣和参与度？学生之间的互评是一种非常有效的方法。互评一般常用的方式有以下几种：

第一种，同伴之间互评。互评是学生之间进行平等对话的一种方式，也是激发学生参与活动欲望的有效办法。比如，汇报展示活动，一方面教师要求学生在汇报前就明确汇报的主要内容，做到重点突出；另一方面对其他学生提出倾听、记录的要求，让大家各抒己见，针对汇报的内容提出自己的意见和建议，帮助他人解决在活动中遇到的困难。学生通过一次次讨论，一次次碰撞，充分感受到来自伙伴的评价激励。

第二种，组与组之间的竞争。竞争是激发学生投入活动兴趣的一种有效手段。教师可以放手让学生自发组成评审团，对活动进行现场点评。评委们针对各组展示情况进行提问，展示小组现场解答，而台下的同学也可以发表自己的意见。在辩论结束后，评委们现场打分，计分员及时汇总，当所有小组展示完后公布分数，并进行颁奖。这种方式，不仅平等，还能锻炼学生的申辩能力、组织能力和评价能力等。

第三种，评价员调控。教师可以在一些展示分享机会较多的课型上，如设计与制作、总结与反思、成果展示与交流类型，引入"评价员"这一角色。这种评价方法适合课堂上小组活动较多、时间较长的情况，每组推选一个评价员，在小组活动时深入他组，根据评价表进行组间评价。

可见，生生互评、组组竞争、评价员调控等方式，可以使我们的课堂增添活力，促使课堂变得更加有趣。

第 47 问　教师应从哪几个方面进行反思，提高活动实施的质量？

　　教学反思，是指教师对教育教学实践的再认识、再思考，并以此来总结经验教训，进一步提高教育教学水平。教学反思一直是教师提高个人业务水平的一种有效手段，教师通过活动反思来总结经验教训，提高课程规划与设计的技能，组织、管理与协调能力，探究与解决问题能力。如何反思？反思什么？本书建议从课前思、课中思、课后思三方面进行。

　　一、活动前反思。教师需要从几个方面进行思考，保障活动有效实施。比如：活动目标是否基于学生年龄特点，是否有价值，是否丰富、明确？活动内容是否考虑了学生的兴趣与需求？活动设计对学生哪些方面发展有利？每个活动环节学生都以什么身份参与教学活动？哪些活动是具有挑战性？教师如何评估学生的活动参与有效性？除此之外，还要预设学生在活动中会出现哪些困难，教师如何引导或者解决等策略，从而做"有备之战"，以保障活动顺利开展。

二、活动中反思。在活动实施中，教师要根据学生调查探究的活动进行及时反思。比如，教师有没有调动起学生研究的积极性？学生有没有出现活动懈怠现象，原因是什么？教师该怎么调整活动节奏？是否在有限的时间内，对每个小组活动进行及时到位的指导和评价？小组在活动中会出现什么问题？学生的调查活动会遇到哪些困难？家长是否应该进行协助……除此之外，教师还要对每一次课堂进行及时反思，比如，这个环节的目标是否达到，教师的指导是否到位，学生的交流是否有效等。其实，这就是我们经常讲的教师是否有教育机智，是否有洞察力，是否能够发现学生在活动中出现的问题进行及时的调控与有效的指导。在活动中进行反思，是促进学生活动深度开展的关键节点。

三、活动后反思。教师只有及时进行课后反思，总结成功经验，反思失误教训，并思索如何改进，才能提高课程实施与评价能力，才能在下一个活动主题的开展中更加得心应手。因此，教师要根据学生差异、班级差异、各组差异，及时从这些方面进行反思，才能促进后续活动的顺利开展以及深度开展。比如，随着活动的深入，各种困难接踵而至，学生是否能够及时解决问题，学生的调查活动为什么没有完成，小组为什么不能有重点的汇报研究内容，学生的汇报展示能力为什么有欠缺，这节活动课为什么没有预设的那么精彩，学生为什么不积极参与？……这些问题，关系到学生活动是否到位，教师需要从自身的指导和学生的能力水准方面进行具体深刻的反思。

　　总之，教学反思不仅是每位教师在教学工作中不可缺少的一个过程，也是教师成长中的重要经历，更是保障活动顺利开展、逐步提升自己专业水平的途径。

第48问　如何通过课堂观察来评价教师课堂的时效性？

以"课堂观察"为评价方式及内容，通过现场观察学生的反应，着眼于学生为何出现某种状况，从学生的"学"、教师的"教"、"课堂文化"三个维度，来评价教师课堂的时效性，具有积极和借鉴的作用。

一、观察学生参与状态，评析教师教学活动的有效性。教师设计的课堂活动是否吸引学生，是否可以"跳一跳就能够得着"，是否带给学生丰富的体验，这都能从学生的学习状态中反映出来。如观察学生的神情变化，从无表情到微笑、到兴奋、再到深思等；观察学生的举手次数，是从不参与到参与一两次，还是持续参与；观察学生的情绪变化，是否积极主动地参与到活动中，并乐意表达与分享自己的观点等；从学生外在的"显性"状态，来判断教学活动的有效性。

二、观察学生活动的表现，评析教师教学策略的价值性。

"教与学"是否有意义、有价值，决定着师生、生生之间能否进行深度思考与对话，决定着教师与学生能否彼此促进与成长的关键。活动是否有价值，是否只是为了"活动而活动"，可以通过学生在活动中反映出来的真实学习状态进行辨析。比如，学生对活动产生积极的兴趣，并全员参与；活动略高于学生的认知、能力，需要学生"跳一跳"才能达成；学生保持一定的兴趣，能够主动探究，乐此不疲等。这些直接关系到教学目标的实现。

三、观察学生学习的结果，评析教师教学目标的实现。判断教学目标是否达成的依据，除了要看学生在活动中的表现，还要看学习的结果。学科不同，学生的学习结果呈现方式也不同。比如，语文学科重在字词句的掌握与使用、朗读感悟和写作的提高；科学在于学生通过实验探究，得出科学的、正确的结论；综合实践活动课程在于学生对某一实践方法的掌握和应用、探究的成果、研究的结论以及活动的感悟。依据这些学习结果可以判断教师教学目标是否达成。

四、观察教师的行走路线及发言的范围，辨析对学生关注的广度。要想多关注学生的学习状态和参与性，教师需要在行走路线方面进行提前规划，以便在行走中看到每一个学生。教师要行走在每一个小组，并了解情况及时点拨；有意识让不同座位区域的学生发言，吸引每一位学生的注意力；挑选学生发言的范围，要避免"死角"或"盲区"等。从教师的行走路线、小组学习的关注、学生的发言范围，能很清楚地看到教师是否努力让自己的教学行为体现"不落下每一位学生"。

五、观察教师的指导，透析教师的学科素养。一个有经验积淀、教学成熟的老师，在课堂教学中，一定有自己深厚的学科知识体系，灵活的教学策略。综合实践活动课程教师的素养必须是综合性的，但在活动指导中着重突出教师学识的专业性、解决问题的有效性、处理生成内容的灵活性等。当然，教师能否抓住学生的思维特点深入指导，能否及时地调控课堂，能否发现学生活动的亮点等都是教师素养的一部分。

六、观察教师的评价，赏析教师的教育智慧。教学过程是学习的过程，也是评价的过程；不仅是学生成长的主阵地，也是教师教育智慧施展的主阵地。一节好课，不仅让听者轻松愉悦，还能像王崧舟老师所说的"能嚼出好味"。教师的智慧决定着学生学习的结果，尤其是教师对学生的评价智慧。比如，综合实践活动评价，一般会用这样的语言体系，像"你知道通过采访获得资料""办法总比问题多""你在活动中成长了"等。会评价学生学习的教师，往往能给予孩子们更有效的激励，使孩子们的思维敏捷，思路开阔。一个教师是否具有教育智慧，从对学生的评价中就可以反映出来。

七、观察课堂文化的形成。不同教师在课堂上的教学风格也不一样。孙双金老师说上一节好课就像"登山"一样。其实，这就是教学风格。教学风格有"魂"，课堂才有活力。

观察教师课堂中呈现的课堂文化，也是诊断课堂有效性的一项依据。某校课堂文化是"规范有效　合作探究　情智共生"，在教师的课堂中，就要寻找这些元素的存在。

总之，结合课堂观察，从三大维度，即"学生的学""教师的教""课堂文化"，来评价教师的课堂时效性，是最有效的策略。

第 49 问　通过哪些途径来诊断教师课程实施的有效性？

　　教师是课程实施的组织者、促进者，也是课程的开发者和研究者。因此，通过多种方式诊断教师课程实施的是否有实效，可以通过以下方式获取：

　　一、通过教师自我评价。教师可以通过撰写综合实践活动课程案例、教学反思、教学论文、活动总结、质量分析等，进行自我评价，以确定活动实施的有效性。

　　二、通过学校领导评价。学校领导可以通过听课、教研，与被评价教师的相关人员（如班主任、学生）接触，通过座谈会、问卷等方法获得评价信息。

　　三、通过同事间评价。通过同事对本人的教研参与、专业上的问题解决、同伴的互助等方面进行诊断。

　　四、通过学生评价。学生是综合实践活动课程的主人、实践者，他们的评价是最直接的体验、感受。学校可以通过座谈会、调查问卷等形式向学生了解指导教师的工作态度、工作过程和工作成绩，从而对教师进行评价。

五、通过教研部门的评价。学校通过向教研部门了解教师参与教研活动的态度与感受，上交的材料质量等，诊断教师的工作热情和业务能力。

总之，在构建教师科学评价体系、诊断教师课程实施质量中，我们必须进一步更新观念，全面推进教师评价机制的创新，才能引领教师的专业化成长。

第 50 问　综合实践活动课程可以进行笔试评价吗？需要注意哪些方面？

综合实践活动课程可以对学生进行笔试考评，但它又与其他学科的笔试在出题方式、考试形式上有所区别。

一、综合实践活动课程的笔试内容要根据每个活动的特点来进行，并不是所有的主题活动都要进行笔试。例如，学习设计一份调查问卷时，可以让学生尝试自己设计一份问卷，把握设计问卷的要点；在进行"纸的研究"这一主题活动时，可以让学生了解纸的发展史并掌握节约用纸的方法……这些测评都应侧重考察学生活动中的知识点和基本技能。

二、笔试内容也可以考查学生参与活动的感受，从学生的活动感受中可以看到学生在活动中的成长是否丰富、是否深刻、是否形成了正确的价值观，从而判断学生参与活动是否深入，教师也可以反思活动是否达到了预计的效果。

三、有些学校将综合实践活动课程和科学进行某些主题的整合。在科学知识点和科学实验结论学术性，教师可以通过笔试的形式让学生答题，以测试学生是否掌握了这些知识，但这类内容不宜过多。

四、在题型设置方面，可以是封闭式的，也可以是开放式的。教师要根据内容进行设计，体现题型相对灵活、多样、有趣味，而不是为了让学生死记硬背。

总之，笔试只是了解学生参与活动情况的一部分，不能以分数论英雄。合理的笔试既可以提高学生对综合实践活动课程的重视程度，又可以让老师发现教学中出现的问题，及时改进，对促进活动实施有着积极的意义。

第五篇
课程保障

合抱之木，生于毫末；九层之台，起于累土；千里之行，始于足下。

——老子

第 51 问　学校如何制定《综合实践活动课程规划》？

综合实践活动课程方案是学校课程规划的核心，是学校对课程设想和计划的具体呈现，是规范、有效、持续开展课程的基本保障。制定学校综合实践活动课程规划，要结合学校的办学理念、办学特色、培养目标，依托学校教育共同体（课程相关的学校领导、教师、学生、家长、社区等）各成员，通过分析学生发展状况、校内外资源、课程实施经验等，对学校整体的综合实践活动课程发展目标、课程内容、实施途径、评价等进行统筹安排。

如何制定学校的综合实践活动课程规划，可以从课程理念、课程目标、课程内容、课程实施、课程评价、课程保障六个方面进行考虑。

一、确定课程指导思想与理论依据。课程理念也叫课程指导思想，其主要体现学校基于或秉持哪些理论、理念规划课程，使规划有据可循、有规可依。我们可从最近发展区理论、建构主义理论等教育理论出发，从国家印发的《中小学综合实践活动课程指导纲要》中的基本理念出发，也可以从学校的办学理念出发，寻找适合自己校情的、科学的、规范的依据。例如，有的学校罗列了 30 多种开放式课程供学生自主选择。它所秉持的大概是多元智能理论和人本主义思想。该思想体现在自主选课的开放方式，把课程的选择权交给了学生。这种以学生为主，尊重学生成长和学习需求的思想正是人本主义思想。

在规划课程的时候，我们都要依据理论和思想指导，找到适合学校教育哲学、课程特色的相关理论，梳理自己的主张，为规划找到坚实的理论基础。

二、要有明确的课程目标。课程目标是综合实践活动课程在学校层面落实的具体体现，也体现了学校的教育哲学。学校要解读《中小学综合实践活动课程指导纲要》，根据学校学情，结合四个指定领域，对各年级段做出相应的要求和规定。课程目标可以从年级能力目标、阶段性目标、课时目标三个维度进行系列化、螺旋上升设计，使目标呈现年级间逐步深入，由扶到放的过程。

三、课程内容开放多元。课程内容是课程目标的最直接体现，也是实现综合实践活动课程育人价值的关键。学校在充分征求教师、学生、家长等意见的基础上，围绕"人与自然""人与社会""人与人"三个方面，从学生的生活经验、认知水平和能力出发，从考察探究活动、社会服务活动、设计制作活动、职业体验及其他活动五个方面，进行不同年级段的设计与规划。

在课程内容设计上，需要掌握以下几个原则：从学生出发，尊重其兴趣爱好和特长。从生活出发，源于生活归于生活。从教师特长优势出发，促进教师专业成长。从校园资源出发，体现学校特色。课程内容一定是师生研讨共生的主题，贴近学生生活，满足师生学习成长需求，切不可主观臆断。同时在内容的安排取舍上处理好学期之间、学年之间、学段之间活动内容的有机衔接与联系，构建科学合理的活动主题序列，从而体现小学一至六年级的学校课程内容螺旋体系、七至九年级的阶梯性发展体系乃至高中自主实施的内容之间的衔接，达成实施内容的衔接性、阶梯性、发展性。

四、课程实施与管理要明确。在课程实施中，我们需要明确实施机构及人员，从课时安排、师资安排、组织形式等方面加强过程指导和管理，确保课程落实到位。

1. 关于课时安排。学校要将课时体现在课表中才能保证课程常态化实施。由于综实实践活动课程的特殊性，课时可分为长课时与短课时、集中安排与分散安排、跨年级课时与跨班级课时等。弹性安排课时是综合实践活动的特点，教师要敢于打破传统的课时壁垒，结合活动内容灵活安排课时。

2. 关于师资安排。《纲要》中规定每所学校至少配备一名专任教师，起到以点带面、引领辐射的作用。同时发挥在校其他学科教师的合作作用，促进课程实施。还可以挖掘社区资源、家长资源，聘任校外课程教师，依托专业人员和机构的优势，不断充实师资队伍。

3. 关于组织方式。综合实践活动组织形式以小组合作为主。在成立活动小组时，教师要引导学生根据兴趣、能力、特长、活动需要，明确分工，做到人尽其责，合理高效。每个合作小组以 4 ～ 6 人为宜。

4. 关于实施流程。综合实践活动实施流程分为三大阶段，分别是实施前准备阶段、实施中过程阶段、实施后总结展示阶段。在规划中尽可能将各环节考虑周到，时间节点罗列清楚，从而促进活动持久开展，有始有终。

五、要有实效性的评价策略。综合实践活动课程性质、课程理念决定了它与其他课程评价上存在很大不同。"立足过程，促进发展"是综合实践活动课程的评价观。关注的是过程，目的是促进。强调立足学生学习过程、教师发展过程、课程完善过程，才能促进学生学习发展、教师专业发展、课程持久发展。学校需要从学生的评价、教师的评价、课程的评价进行制定。

1. 学生评价。教师可以通过自我评价、同伴互评、展示汇报会、过程性评价、成长档案袋等方式，关注学生的参与态度、收集分析利用信息能力、发现问题解决问题能力、学习能力和学习方法掌握情况、设计与操作能力、创新精神和实践能力等。

2. 对教师的评价。对教师的评价主要以奖励鼓励为主，从课程开发、内容设计、课程实施、学生组织、成果展示等方式对教师进行评价。评价的形式主要以《年级课程纲要》评比、教研成长档案、学期课程成果展示会、教师公开课观摩课等方式对教师的开展情况和效果进行描述性评价。

3. 对课程的评价。对课程的评价主要以课程是否完成既定目标，是否满足师生学习需求，是否促进师生成长，是否丰富学校课程内容和体系等对课程进行考量，确定课程下一步方向。

六、让课程保障成为助力。课程保障是课程规范、有效实施的尚方宝剑，如果没有课程保障的系统制定，课程的实施将会流失或者降低质量。因此，学校要成立课程管理领导小组，从课程培训、教研培训、奖励激励制度等方面细致地考虑与制定。

总之，学校的综合实践活动课程规划需对以上六个方面进行思考与设计，从而对学校课程的实施提供科学、可行的指导，以促进课程常态、有效、深度地开发与实施。

第 52 问　学校如何开发综合实践活动课程，打造学校的特色课程品牌？

　　综合实践活动课程的活动方式有考察探究、设计制作、职业体验、社区服务以及少先队活动、主题班队会、红色主题活动等，并制定了一至九年级的活动主题，涉及领域广，可见内容开发与实施方式丰富、灵活、多元。学校可以根据学生的生活、社区资源、社会发展等方面开发课程。具体可以这样做：

　　一、自主开发活动主题，开展学校特色课程。由于校情不同、学情不同、社区资源具有独特性，学校可以自主开发课程，丰富课程内容，形成自己的特色。如结合场馆开发人文类、历史类课程，"走进博物院""走进科技馆""走进故宫"等课程。

　　二、根据国家提供的主题，开展年级品牌课程。教育部提供的研究主题基于学生生活，基于学生经验，基于学生未来的发展，内容涉及自然、历史、人文等方面，学校可以根据这些主题，结合社区资源，根据学生需求可以进行深度开发或者年极段的调整。如"二十四节气"可以调整到五年级开展，将节气与饮食文化相结合。

三、开展项目式学习，打造学习成果的优化。结合学科特点，将设计制作类活动进行延展，通过项目式学习，引导学生在问题意识、科学设计、创物制造、解决问题等方面自主发展，让学生走向深度学习。如数学学科开展"年历""桥"等"微项目"，音乐学科开展"我们的戏剧厅"，科学学科开展"垃圾分类游戏制作"等项目，打破学科壁垒，关注学习过程，培育学生综合素养。

四、开展创客课程，拓展课程实施的广度。根据时代发展需求、社会发展信息化，开展创客课程，提升学生在不同的创客项目中创新思维能力、国际理解能力创造能力的提高，培养学生不怕困难、勇于探究、持之以恒的精神。如"机器人扑火""编程机器猫"等项目，让学生利用信息化手段解决生活中的问题，让信息技能改变和创造社会。

五、开展劳动技术课程，凸显课程实施的价值。2018 年，习总书记要求把劳动教育纳入培养社会主义建设者和接班人地总体要求中，2019 年 7 月国务院印发了《关于深化教育教学改革全面提高义务教育质量的意见》，再次提到：加强劳动教育，优化综合实践活动课程结构，确保劳动教育课时不少于一半。2020年3月中央国务院出台了《全面加强新时代中小学劳动教育的意见》，指出将劳动教育作为一门课程实施。其实，劳动教育从未停止，只不过一直在以单一的活动或技能进行实施。金水区基于前期的经验，重组课程规划，建立课程实施模式、评价等体系，将劳动教育课程规范化、深耕化、有效化。我们可以开发以下几类劳动教育课程。其一，开发田园劳作课程，可以学校开辟田园，也可以和校外农耕相结合，让学生亲历农耕与收获，使孩子们自然亲近、分享劳动成果、体验劳作的乐趣和成就感。其二，开发设计制作类、职业体验类课程，体验职业技能，培养学生动手动脑、科学研究、设计创新等能力，感悟劳动创造世界。其三，开发非遗课程，锻炼学生意志，在实践中创物造物，走向商品研发与推广，感悟工匠精神，做非遗文化小传人。其四，开发生活创造类课程，让学生在实践中创造生活。如"蒸馒头""腌咸鸭蛋""无土栽培"等课程，让学生充分感受到劳动创造美好生活的真谛。

六、开发社会服务类课程，培养奉献精神。如"走进社区""共享单车我来行""找个岗位来体验"等活动，让学生在为他人尽心尽责地服务过程中，美化心灵，感受助人地愉悦。

当然，还有其他的课程实施方式，如开发学科的拓展活动，开发德育课程等。综合实践活动课程最有利于学校特色课程的开发与实施，形成具有特色的、创新的课程形态。

第 53 问　如何增强学校对课程的重视程度？

　　尽管国家对综合实践活动课程非常重视，但就现状来说，综合实践活动课程并没有受到每个地市、学校的重视。有些学校开与不开也完全取决于校长的决策。金水区尝试"行政推动、教师行动、活动推进"的实施策略，使综合实践活动课程逐步得到了重视与落实。

　　一、行政推动。教育行政部门应该按照国家课程标准，建立完备的综合实践活动课程地方管理体制，并督促学校建立健全课程组织结构，完善课程管理制度。这既是常态开展综合实践活动课程的有力保障，也是促进校长重视综合实践活动课程的关键。为此，金水区 2009 年下发了《金水区关于综合实践活动课程实施的意见》（简称《意见》），在 2013 年出台了《金水区关于进一步加强综合实践活动课程整体规划的意见》。《意见》从规划意义、规划目标、遵循原则、具体措施和保障机制等进行了阐释，对综合实践活动课程整体推进作出部署，对教育行政部门、教研部门、学校、教师等提出具体要求。最可贵的是河南省将综合实践活动课程纳入中小学教师职称评定，使综合实践活动课程教师和其他学科教师一样能够评职晋级。现在金水区综合实践活动课程在学校校长的大力支持下向纵深推进。

二、教师行动。综合实践活动课程是一门"做出来"的课程，只要教师俯下身子尝试开展一个主题活动，就会看到学生的成长，感受到课程的魅力，体悟到自己在课程中的成长和教学方式的改变。当自己积淀了一定的指导经验，形成了可以推广的有效实施策略，打造了学校特色品牌，获得了家长的认同和学生积极地参与，就能赢得学校领导对综合实践活动课程的重视，投入更多的时间、人力和服务保障。

三、活动推进。校长对课程的关注度不够是由于对综合实践活动课程的性质和育人价值了解不深，他们不知道综合实践活动课程到底能为学校的发展、教师的发展、学生的发展起到什么样的促进作用。作为教研部门，要通过常态化教学活动或者品牌化活动来助推学校课程的开展。比如，每年一届的综合实践活动教师课堂教学大赛、每年一届的中小学生研究性学习成果评比活动、教师优秀课程成果征集活动等，推动学校课程的实施，影响更多的学校和教师对开设课程重要性的认识。

　　总之，课程是否能够得以落地，校长的支持最重要，其次是教研部门采取不同的活动推动课程的开展也同样重要。此外，教师的指导能力以及学校团队对课程开发、实施、评价的有效性，都决定着课程开设的常态和深度。只有教研部门、学校、教师三者齐心协力，共同凝聚力量，才能扎实有效落实课程的开展与发展。

第 54 问 综合实践活动课程的教师应该具备哪些专业素养？

综合实践活动课程立足于学生的生活实践，倡导学生在考察探究、社会服务、设计制作、职业体验四种主要活动方式中"做"中学。因此，教师的角色不再是单一的知识传授者，而是学生活动的引导者、组织者、开发者，这就对综合实践活动课程的指导教师提出了一定的专业素养要求综合实践活动课程教师必须具备以下素养，才能更好地把握课程体系，统领课程目标，有效实施活动主题。

一、综合实践活动课程教师应具有专业研究的精神，不断提升综合素质。综合实践活动课程面向的是学生丰富多彩的生活世界，是一门跨学科的实践性课程，没有教材及以往教学经验的借鉴，所以作为教师要不断学习，努力提升自身素养，提高自己运用多学科知识解决问题的能力，以应对不断变化、不断生成的课程情景；同时要深入研究综合实践活动课程中遇到的问题和教学方法，有意识地提高自身开发与实施课程的能力，做一名研究型教师。

二、综合实践活动课程教师应具备导师的素养，着眼学生的未来发展。综合实践活动基于学生的生活实境中的问题，尝试综合运用自己的已有经验和能力通过考察探究、社会服务、设计制作、职业体验等活动，解决问题。在整个探究过程中，学生是课程的核心，不仅要运用知识解决问题，还要在解决问题中构建新的知识，创建新的思维，形成综合素养。这个过程也是培育学生"高阶认知能力"形成的过程。这就要求教师具有很好的规划和调控能力，要着眼于学生的终身发展做一个合格的引导者，能根据活动和学生的实际需要，对活动的目标和内容、组织和方法、过程和步骤等做出动态调整，使活动不断深化，为学生的终身发展奠定基础。

三、综合实践活动教师应具备较好的合作意识及良好的协调沟通能力。在综合实践活动课程的实施过程中，指导教师不仅要进行课堂教学，还要引导学生走出课堂、走向社会、走进学生的生活，活动中教师不仅要面对学生，还要面对学校的领导与同事、家长及其他社会人员，因此必须具备良好的合作意识，具备与领导、同事、学生、家长以及其他社会人员的协调、沟通、合作能力。

四、综合实践活动课程教师应具备规划与调控能力。综合实践活动的过程是一个动态的生成过程，这个过程不可能是完全预设的，因为过程中的因素和情景很多都是无法预见的，会产生许多的新问题。在实施过程中，教师必须根据实际需要，对活动的目标和内容、组织和方法、过程和步骤等做出动态调整，使活动不断深化。

总而言之，综合实践活动课程对教师的专业素养比其他任何一门传统学科都要高，它激励着教师不断学习，奋发向上，既提高了教师的专业知识和理论水平，也使教师的能力得以历练，从而促进了综合实践活动课程的有效开展。

第 55 问　如何提高教师的自主研究意识？

综合实践活动课程是一门实践性、综合性、生成性较强的课程，它不仅需要学生自主经历活动，而且还需要教师自主的研究意识与能力，解决活动中遇到的种种问题，从而推动活动顺利开展。因此，提升教师的自主研究意识非常必要。结合学校综合实践活动课程实施的情况，可以从以下几个方面提高教师的自主研究意识：

一、要完善教师知识结构。提高教师自主研究意识，最好的办法是解决教师的顾虑。我们做的第一步，就是完善教师的知识结构。让老师们懂得什么是研究性学习，最简单直接的办法就是培训，培训可以邀请专家，例如教研员、课程专家。

二、在教师间产生同伴互助、相互影响的效应。教师之间在进行交流活动以及讨论遇到的问题时，这些讨论、思考都会漫延到教研组；学生在校园开展调查活动时，活动效应就会漫延到学生之间。这些都会慢慢地在一定时间内影响到其他没有开设活动的教师和没有参与活动的学生中去。初期通过一组一个研究主题，让教研组教师共同规划与实施，达成"以点到面"的辐射作用，促进课程常态开展，从而让更多的教师主动参与到课程的自主开发与实施中来。

三、开展团队小主题研究。学校可以开展同一教研组或跨教研组教师间的小主题研究，针对活动实施中大家存在的困惑或困难，通过活动实践进行探究或者论证，这样的深度教研既有利于提高教师的自主研究意识和能力，又丰富了自己的课程指导能力，同时也促进了活动实施的时效性。

四、多方支持与激励。在课程开展过程中，教师需要带领学生外出、打印资料、调研考察、购买相关器材、借用实验仪器等，学校都应予以大力的支持和配合，给予教师一定时间、空间及服务上的支持。同时，当学生的研究活动或者教研的成果得到上部门的奖励时，学校一定要对教师和学生进行鼓励。比如，在升旗仪式上面对全校学生给获奖学生颁发获奖证书；在学期末全体教师会上对获奖教师予以颁奖等。这些仪式产生的影响力不仅具有鼓舞作用，更具有震撼力。

总之，教师具有自主研究意识非常重要。只有切合时机地激发教师的自主研究意识，不断提高教师的研究能力，相信不管是综合实践活动课程教师还是其他学科的教师，都会成为一名课程开发与实践的能手。

第 56 问　如何解决综合实践活动课程师资不足的问题？

　　师资是综合实践活动课程实施的关键，师资队伍状况决定着课程的实施效果和水平。金水区综合实践活动课程形成了一支以兼职为主，专兼职结合的教师队伍。具体措施，有以下几点：

　　一、优化配置教师资源，扎实开展校本研训。由于综合实践活动课的多样化与综合性特点，综合实践活动课程实施需要组建一支专兼职相结合的教师队伍，共同参与指导。学校有必要配备一些专职指导教师，以少量的专职教师带动学校更多的兼职教师共同参与综合实践活动的指导才能达到最优状态。因此，如何配置现在的教师资源，进行优化组合就显得尤为重要。目前师资的最佳配备组合为：专职与兼职并存，班主任、科任教师共同参与，学校其他人员协助。这样，各学科、各类型教师的资源可以进行整合，以达到优势互补，使现有教师资源得到最优的开发和利用。

二、家长资源、社会力量的参与，扩大课程的专业指导力。学生在调查研究活动中，需要到社会、社区以及相关的企业、单位等进行实地考察、采访了解情况，这个时候，就需要得到家长资源、社会力量、专业人士的支持和指导。学校和教师可以聘请他们做学生活动的辅导者，弥补教师知识不丰富、学识不专业等问题，以壮大指导教师的队伍，提高活动的实施质量。

三、学校和地方行政部门解决职称评定制度。只有建立相应的政策制度，才能充分调动各科教师参与综合实践活动课程的积极性，促进教师队伍的可持续发展。金水区有80.6%的学校设有专职的综合实践活动教师，教师业务发展方向成为亟待解决的问题。于是通过教师和区级教研部门、人事部门的努力，河南省在职称评定制度中增设了综合实践活动学科，解决了多年担任此课程教师职称评审问题的同时，更是使更多教师愿意担任综合实践活动课程的工作。因此，师资队伍越来越壮大，课程实施的质量也得到了保障。

四、高职院校设置综合实践活动专业势在必行。据调查，目前师范类院校在课程设置上并没有综合实践活动这门课程，从而导致新上岗的教师对综合实践活动课程的认知几乎为零，不利于课程的常态化开展。如果这些院校在课程设置上增设综合实践活动课程，就可以从根源上缓解综合实践活动课程师资不足、专业能力不强等问题。

总之，师资力量是保障课程实施质量的首要条件。只有通过政府、学校、高校、社会等平台，多管齐下，才能解决师资不足的问题，课程实施才能得以落地。

第 57 问　新入职教师在课程实施中应该处理好哪些问题？

综合实践活动课程是一门综合性课程，这需要教师具备丰富的知识和多方面的能力，并且有能力对这些不同学科不同方面的知识进行有机整合。这对于新入职综合实践活动课程教师来说具有极大的挑战性。新入职教师需要在课程实施中处理好以下问题，才能实现课程实施的常态、规范、有效。

一、具有课程意识，处理好活动与课程的关系，避免活动替代课程。综合实践活动课程没有教材为依托，需要教师根据学生的兴趣、结合学校特色和当地课程资源，开发出丰富的综合实践活动主题。由于教师对综合实践活动课程目标缺乏清晰的了解和认识，因而常将传统的科技活动、文体活动等当作综合实践活动，使综合实践活动不能达到应有的效果。

二、具有课程整合能力，处理好学科活动与综合实践活动的关系，避免学科化倾向。由于综合实践活动课程不同于学科课程，没有现成的教材，也没有可供借鉴的教学参考书，因此，需要做好学期综合实践活动实施规划，构建与设计大单元下的小主题研究活动。教师的课程规划设计、开发实施能力等创造性工作，是确保活动得以顺利有效实施的基础。综合实践活动课程更多的是自主开发的实践性、探究性活动，以"体验"为主，并整合各个学科知识。因此，新入职教师具备课程规划能力和多学科的整合能力非常重要。

三、具有指导能力，处理好"启发"与"告诉"的关系，避免一味地"教"。综合实践活动课不是"教"出来的，它是学生在教师的有效指导下"悟"出来的，"体验"出来的，"探究"出来的。因此，教师的指导能力非常重要。当学生遇到问题求助教师时，有些教师会"启发"而不说出答案，让学生在一步步的启发和指导下寻找解决的办法，并鼓励其去尝试；但有些教师会直接告诉学生答案，甚至是一些具体做法，代替了学生后期多样的探究和体验，减少了学生多元的感悟。学生在综合实践活动中的经历不是教师"教"出来的，而是通过亲身实践，克服困难，应用多种研究方法，进行体验、感悟和重构的过程。教师是否具备较强的指导能力，决定着学生活动的多元和丰富。

四、具有反思意识，处理好过程与结果的关系，避免重结果轻过程。综合实践活动课程是注重能力发展的课程，所以它比其他任何课程都更注重过程的教育价值。然而，在课程实施中很多新入职教师往往只注重结果，在确定主题后便放心地让学生开展小组活动，等待着最终的成果汇报，忽略了活动过程的指导。过程决定结果，忽略了过程，也就忽略了过程中遇到的问题，问题得不到指导和解决，就导致活动实施的效果得不到保证，学生的能力更谈不到发展。因此，处理好过程和结果的关系是综合实践活动课程的基本要求，也是作为综合实践活动课教师必备的素质。

总而言之，要想让课程实施有效，新入职教师就需要处理好以上几个方面的关系，才能进一步促进学生的发展，让活动更具有实际价值。

第 58 问　综合实践活动课程需要家长支持吗？需要家长如何支持？

　　综合实践活动课程是一门实践性课程，由于课程本身的特点，不少活动还需要在校外进行，家长资源的合理开发和有效利用对于综合实践活动的开展有着积极的意义。因此，家长支持参与综合实践活动课程是非常有必要的，从而让活动更加深入。如何支持呢？可以让家长成为活动的知情者、参与者和评价者。

　　一、综合实践活动课程指导老师要让家长成为综合实践活动课程的"知情者"。教师应充分利用家长会、学校网站等对家长进行相关的普及性培训，通过家长开放日使家长走进综合实践活动，让他们深入了解、感受这门课程的理念与目标。

　　二、让家长成为综合实践活动课程中的"参与者"。让家长走进综合实践活动课程，将激发家长参与班级教育活动的积极性，唤起家长的主人翁意识，真正成为综合实践活动课程的合作伙伴。我们可以通过家长会、班级微信群等方式互动，让家长直接督促、引导学生完成考察计划、实验制作、调查报告等综合实践活动课程的"作业"，家校间及时、有效的沟通、互助为更好地教育孩子打开了一扇窗户。综合实践活动要求学生走出校园、走进自然、走入社会，必然要面临安全问题，家长的参与，也使实践活动更具安全性。

三、让家长成为课程的"评价者"。家长全方位、多维度地参与课程评价，使评价多元化，将有利于提供丰富的评价信息，更有利于被评价者的进步和课程的有效实施。邀请家长对学生的调查活动进行评价、参加班级的汇报展示课、对学生设计制作的成果进行评价等很有必要。

总之，教师要充分利用家长身边的资源选择课题，通过定期召开学生家长会，在活动实施阶段及时与家长交流、合作，多形式地展示学生的成果，向家长做好课程的宣传工作，邀请家长做活动的志愿者等方式，争取家长走进课程、了解课程，做课程有效实施的参与者、指导者、合作者、评价者和激励者。

第 59 问　区域教研部门出台哪些保障措施，才能促进综合实践活动课常态有效地实施？

　　此问题以郑州市金水区的实施经验为例进行说明。金水区从 2001 年开始常态实施综合实践活动课程，历经二十年的实践与探究、总结与推广，打造了"校校有项目 师师有项目 生生有项目"的区域特色，实现了"校校有品牌"的文化特色，促进了金水区"健康 阳光 智慧"的学子形象。取得这样的成效过程中，金水区一直以强化了"五个保障"，助推了课程持续良性的发展。具体做法如下：

　　一、强化师资保障。金水区向上级职称评定部门成功争取到综合实践活动学科的职称评审专业类别，解决了我区综合实践活动教师的职称问题；目前是河南省综合实践专职教师人数最多的区域，同时也是普及实施综合实践活动课程最广的区域。

二、强化督导保障。金水区将课程实施情况作为三年规划督导、视导、集中调研等督导检查的重要内容，深入调查、研讨，诊断问题，提出建议，引领方向，持续推进课程常态、有效开展和实施。

三、强化展示交流保障。一是搭建学校交流平台。开展每月一次的"行之实"活动，各校围绕同一主题，观摩教师课堂，分享实施经验，促进教师共同提高。二是搭建教师展示平台。在全区教师基本功展评和希望杯、金硕杯课堂教学展评等活动中增设综合实践活动学科类别，促进专业发展。

四、强化评价保障。金水区进行评价改革，下放赋权，学校自主建立过程性评价和总结性评价相结合的评价方式，进一步实现了学生间的互促互进，促进了学生的发展；同时坚持开展每年的"研究性学习活动成果评比"，通过资料的静态展示和学生的动态汇报展示，开阔学生视野，促进能力提升。

五、强化教研保障。师资队伍的整体业务水平决定了课程实施的质量。金水区通过开展每月至少一次的"行之实"活动、建立"学科教研共同体"、打造"四级梯队"等教研活动，引领课程理念，指导教师实践能力，提炼实施经验，分享主题经验，出版专业书籍，促进课程一致行在实践、反思、再实践、再总结的行动学研究的道路上，保障了课程的实施质量与品质。

以上五个保障，有力地助推了区域综合实践活动课程的常态、有效、良性地持续发展。

第 60 问　如何持续促进区域内综合实践活动课程教师队伍建设？

　　综合实践活动课教师的发展是课程实施的资源保障，因此要保持教师的整体发展，是实现区域内课程质量整体提升的关键。整体发展最大的障碍是发展的不均衡性。因此，要破除这种不均衡性，需要实现教师的分层发展，组建教师梯队队伍，让他们在原有的学科素养、业务能力的基础上得到进一步的提升和发展，这个过程不是一蹴而就的，而是需要 2 年以上课程实施积淀和成长历程。以金水区为例，通过以下几种教研培养模式，持续发展综合实践活动课程教师队伍。

　　一、打造四级梯队，整体稳步提升教师业务能力。根据金水区教师的教龄及经验，构建了四级教师梯队队伍（中心组团队、骨干教师团队、"导师"团队、专家团队），不同的团队、不同的责任及发展目标，促进了不同梯队教师发展的连续性、阶梯性，以满足每一位教师的业务需求和成长，从而整体推动教师的发展。

二、改革单一的教研模式，挈领课程多方位的发展。主要通过每月至少一次的"行之实"活动和多校联合开展小主题研究活动，实现课程多方位的发展。"行之实"活动即所有专兼职教师及主管领导走进学校，通过业务领导的汇报了解学校课程实施情况、观摩教师课堂实施质量、组织研讨教研的时效性、围绕一个主题进行小组交流等。此活动，从区域层面看，不仅可以宏观了解课程实施的情况，也能微观了解课程实施的经验和存在的问题；从学校层面看，可以学习到其他学校课程实施的亮点；从教师层面看，能让每一位综合实践活动课教师在一系列的环节中找到自己的需求点、解惑点、发展点，最终实现"一石多鸟"的效果。如为了探究低年级课程实施的有效策略，金水区将新建学校和有课程实施经验的学校联合在一起，共同开展与探究低年级综合实践活动课程实施的策略，在实施中发现问题、解决问题、总结经验，在互相碰撞、研讨中，凝聚智慧，形成共识。多校联合共同探究小主题的科研方式，解决了课程中实施的问题，促进了教师间的成长、学校间的发展，实现了"教研训一体化"。

三、开展多层次教师培训，持续推进课程领导力。为了提升金水区综合实践活动课程教师及主管领导的课程领导力，我们将培训分为新教师培训、业务中层培训、"拜师学艺"、"请进来、走出去"培训。分层培训，是实现教师有效指导学生活动，提升中层业务领导课程领导力的有效培训方式。

总之，构建教师梯队、开展教师间的交流活动、发展教师团队的引领作用、开展"拜师"活动等，都是提升区域内教师持续发展的有效做法。

后　记

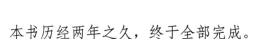

　　本书历经两年之久，终于全部完成。

　　在杨四耕教授的指导下，段立群主任的亲自研读下，我们团队经历了十多次的修改，从原来设想的 100 问，精减到现在的 60 问；从问题的陈述方式不够严谨到规范有趣的问题表述；从教师撰写思维的随性到有逻辑的表达等，在一次次的修改中得到成长与进步……

　　作为参与教师，他们有着不同角度的变化。

　　其一，从乐意接受这项工作到深刻反思自己的实践力。张颖老师说："在这次编书活动中，我除了是一位编者，更是一名学习者。在整理大家的稿件，查询各种资料的过程时，也解答了我心中的许多疑惑，让我重新认识了综合实践活动课程。当我们一次次把凌乱的资料梳理出脉络，规划成模块，更细化到每字每句时，这个过程就是一种成长。看着电脑中修改了 12 遍的书稿，我认为，每一次的修改都是对自己实践能力的验证和提升，都是一次对课程新的认识，新的感悟，新的思考！"

其二，在提升的过程中引发了深度的新思考。曹丽萍老师这样说："大家的精深研究和认真态度让我在梳理之余也重新反思自己的工作。在当前课程整合、SETAM全面发展、项目式学习融入学科教学……基于学校理念如何让综合实践活动课程更加有特色，如何让我们的综合实践活动课进行得更深入？这些问题将促使我不断学习，持续探索。"

其三，明白了写书是与读者的深度对话。教师们在一次次的修改中，明白了不是自己能看懂就行，而是要让读者能看懂。如曹靖老师所说："像关老师所说的那样，把自己当成一位读者，思考读完这本书时，我想要得到什么启示。这时，我才豁然开朗，老师们想要的就是方法指导，可行的案例。因此，我们要结合实例把事情说清楚、说透彻、说明白。这样的经历，是难能可贵的，通过这样的写作，思维方式和表达方式都得到了极大的提升。"

其四，作为综合实践活动课程团队，我们的研究是"认真"的。本研究从课程实施现状、学校实施样态、教师实施质量的实际出发，对中小学综合实践活动课程实施中存在的问题，提出了切实可行的解决对策，这对整体推进综合实践活动课程的实施有着十分重要的借鉴作用。

其五，从区级层面我们将教师凌乱的、不成体系的、但有价值意义的小主题研究成果进行了体系化的整理，构建了有逻辑性的内容版块，突出了课程实施的重难点，形成了小主题课程实施的成果，为教师及学校以后的课程实施提供了极有效的借鉴。

在整理这本书的日子里，曾经与河南省教育厅副厅长毛杰进行过交流，她说："金水区有着良好的教育土壤，也有着得天独厚的教育资源。你们要将综合实践活动课程落实到每一位学生身上，落实到每一个教师身上，真正带给学生和教师成长。将这么多年的综合实践活动课程成果进行梳理，进一步提炼，并进行推广，可以影响更多的教师认识与理解综合实践活动课程，其经验在实施中得以应用，必将促进学生的成长，落实学生的核心素养。"

总之，综合实践活动课程是一门对学生的人生产生深远影响的课程，让我们一起"脚踏实地 仰望天空"，走在综合实践活动课程的研究之路上。只要我们在不断实践中积累经验，总结教训，在问题中求发展，在探究中求进步，就一定能够不断解决实际问题，使综合实践活动课程走得更远。

在这里要感谢金水区各层领导的支持，感谢我区教育教学负责领导曹鹏举主任的关注和鼓励，感谢段立群主任的及时跟进，让教师们的实践经验能够在梳理的过程中得到进一步的提升，成果得到更科学的提炼与总结。同时也感谢金水区综合实践活动课程的骨干教师团队和教研员，在一次次的修改、完善过程中克服困难，付出心血！

　　最后还要感谢西南大学宋乃庆教授，有幸在他百忙之中与我面对面交流了这本书想出版的原因以及撰写形式，他不仅对一答一问的小主题成果陈述方式给予了充分的肯定，还提出了一些建议，指出让问题基于学生发展，基于教师需求。于此，这本书又经历了一次修改完善，达到了 13 次修改。

　　本书经验来自金水区一线教师近二十年的持续深入研究与思考，来自金水区学科教研员对研究性学习方式的深刻理解与指导。这些也只是金水区小主题研究的一部分经验，今后会继续仍需加强各个学科的研究性学习，提高学生"跨学科"的学习能力，实现融会贯通各学科之间的知识与技能，重构思维方式，丰盈情感与价值观，落实立德树人、全面发展的育人价值！